I0756620

Marco Delledonne

L'Etichettatura degli alimenti: piccola guida per il Consumatore

L'Etichettatura degli alimenti: piccola guida per il Consumatore

La normativa spiegata in maniera comprensibile per chi deve fare acquisti di prodotti alimentari

MARCO DELLEDONNE

Marco Delledonne

Copyright © 2019 by Marco Delledonne

A mia moglie ed ai miei figli

Marco Delledonne

SOMMARIO

Introduzione

Che cos'è l'etichetta di un alimento? Prima di tutto è un modo sintetico di dare alcune informazioni essenziali a chi consuma quel prodotto alimentare. La prima domanda che ci poniamo quando ci viene proposta una bevanda o un alimento è: che cos'è?

Si vuole cioè sapere la denominazione di quel prodotto alimentare. Quando decidiamo di conservare nel nostro freezer un alimento la prima cosa che facciamo è scrivere sul contenitore di cosa si tratta e, i più precisi, anche la data di congelamento. In quel momento abbiamo inconsapevolmente etichettato, anche se in maniera non completa, un alimento.

Così già facevano nell'antichità quando per esempio gli Egizi usavano sigillare il contenuto delle anfore con un sigillo di fango che certificava che quella confezione non era stata aperta. Per il vino di solito veniva riportato il luogo di produzione, l'anno di produzione e la zona geografica, ed in qualche occasione anche il nome del produttore. Questo metodo di etichettatura passò poi ai Greci ed ai Romani.

Successivamente questa esigenza si è via via implementata di tutta una serie di <u>informazioni utili al Consumatore finale</u> di quel prodotto alimentare per permettergli scelte consapevoli nel momento dell'acquisto, della conservazione e nel momento dell'utilizzo.

La legislazione madre europea ha per titolo "Regolamento (UE) n. 1169/2011 del Parlamento europeo e del Consiglio, del 25 ottobre 2011, relativo alla fornitura di informazioni sugli alimenti ai consumatori.

In Italia, prima che venissero emanate leggi a valenza europea avevamo per esempio nel 1962 con la Legge 283 imposto ai produttori di alimenti e bevande regole non molto diverse da quelle attualmente in vigore: *"i prodotti alimentari e le bevande confezionate devono riportare sulla confezione o su etichette appostevi, l'indicazione, a caratteri leggibili e indelebili, della denominazione del prodotto, l'indicazione del nome o ragione sociale o marchio depositato, l'indicazione della sede della impresa produttrice e dello stabilimento di produzione, l'elenco degli ingredienti in ordine decrescente di quantità, riferita a peso o volume, secondo quanto previsto dal regolamento, il quantitativo netto in peso o volume, i prodotti sfusi debbono essere posti in vendita con l'indicazione degli ingredienti elencati in ordine decrescente di quantità riferita a peso o volume."*

Obblighi di una etichetta

Le informazioni sugli alimenti non devono indurre il Consumatore in errore per questi motivi:

per quanto riguarda le caratteristiche dell'alimento e, in particolare, la natura, l'identità, le proprietà, la composizione, la quantità, la durata di conservazione, il paese d'origine o il luogo di provenienza, il metodo di fabbricazione o di produzione;

attribuendo al prodotto alimentare effetti o proprietà che non possiede;

suggerendo che l'alimento possiede caratteristiche particolari, quando in realtà tutti gli alimenti analoghi possiedono le stesse caratteristiche, in particolare evidenziando in modo esplicito la presenza o l'assenza di determinati ingredienti e/o sostanze nutritive;

suggerendo, tramite l'aspetto, la descrizione o le illustrazioni, la presenza di un particolare alimento o di un ingrediente, mentre di fatto un componente naturalmente presente o un ingrediente normalmente utilizzato in tale alimento è stato sostituito con un diverso componente o un diverso ingrediente.

Le informazioni sugli alimenti sono precise, chiare e facilmente comprensibili per il consumatore.

Cosa si intende per:

etichetta: qualunque marchio commerciale o di fabbrica, segno, immagine o altra rappresentazione grafica scritto, stampato, stampigliato, marchiato, impresso in rilievo o a impronta sull'imballaggio o sul contenitore di un alimento o che accompagna detto imballaggio o contenitore".

etichettatura: qualunque menzione, indicazione, marchio di fabbrica o commerciale, immagine o simbolo che si riferisce a un alimento e che figura su qualunque imballaggio, documento, avviso, etichetta, nastro o fascetta che accompagna o si riferisce a tale alimento".

alimento: qualsiasi sostanza o prodotto trasformato, parzialmente trasformato o non trasformato, destinato ad essere ingerito, o di cui si prevede ragionevolmente che possa essere ingerito, da esseri umani.;

consumatore finale: il consumatore finale di un prodotto alimentare che non utilizzi tale prodotto nell'ambito di un'operazione o attività di un'impresa del settore alimentare;

trattamento: qualsiasi azione che provoca una modificazione sostanziale del prodotto iniziale, compresi trattamento termico, affumicatura, salagione, stagionatura, essiccazione, marinatura, estrazione, estrusione o una combinazione di tali procedimenti;

carne: tutte le parti commestibili degli animali:

- **ungulati domestici**: carni di animali domestici delle specie bovina (comprese le specie Bubalus e Bison), suina, ovina e caprina e di solipedi domestici;

- **pollame**: carni di volatili d'allevamento, compresi i volatili che non sono considerati domestici ma che vengono allevati come animali domestici, ad eccezione dei ratiti;

- **Lagomorfi**: carni di conigli e lepri, nonché carni di roditori;

- **Selvaggina selvatica**:
  - **ungulati e lagomorfi selvatici**: nonché altri mammiferi terrestri oggetto di attività venatorie ai fini del consumo umano considerati selvaggina selvatica ai sensi della legislazione vigente negli Stati membri interessati, compresi i mammiferi che vivono in territori chiusi in condizioni simili a quelle della selvaggina allo stato libero;
  - **selvaggina di penna**: oggetto di attività venatoria ai fini del consumo umano.

- **Carni fresche»**: carni che non hanno subito alcun trattamento salvo la refrigerazione, il congelamento o la surgelazione, comprese quelle confezionate sottovuoto o in atmosfera controllata;

- **preparazioni di carni**: carni fresche, incluse le carni ridotte in frammenti, che hanno subito un'aggiunta di prodotti alimentari, condimenti o additivi o trattamenti non sufficienti a modificare la struttura muscolo-fibrosa interna della carne e ad eliminare quindi le caratteristiche delle carni fresche;

- **prodotti della pesca**: tutti gli animali marini o di acqua dolce (ad eccezione dei molluschi bivalvi vivi, echinodermi vivi, tunicati vivi e gasteropodi marini vivi e di tutti i mammiferi, rettili e rane), selvatici o di allevamento, e tutte le forme, parti e prodotti commestibili di tali animali;

- **prodotti di carni**: in questo caso sono prodotti che hanno subito un trattamento tecnologico cioè un'azione che ha provocato una modificazione sostanziale della materia prima (trattamento termico, affumicatura, salagione, stagionatura, essiccazione, marinatura, estrazione, estrusione o una combinazione di tali procedimenti) tale che la superficie di taglio permette di constatare la scomparsa delle caratteristiche delle carni fresche.

pubblicità: qualsiasi forma di messaggio che sia diffuso nell'esercizio di un'attività commerciale, industriale, artigianale o professionale, allo scopo di promuovere la fornitura di beni o servizi, compresi i beni immobili, i diritti e gli obblighi;

ingrediente: qualunque sostanza o prodotto, compresi gli aromi, gli additivi e gli enzimi alimentari, e qualunque costituente di un ingrediente composto utilizzato nella fabbricazione o nella preparazione di un alimento e ancora presente nel prodotto finito, anche se sotto forma modificata; i residui non sono considerati come ingredienti;

denominazione legale: la denominazione di un alimento prescritta dalle disposizioni dell'Unione a esso applicabili o, in mancanza di tali disposizioni, la denominazione prevista dalle disposizioni legislative, regolamentari e amministrative applicabili nello Stato membro nel quale l'alimento è venduto al consumatore finale o alle collettività;

denominazione usuale: una denominazione che è accettata quale nome dell'alimento dai consumatori dello Stato membro nel quale tale alimento è venduto, senza che siano necessarie ulteriori spiegazioni;

denominazione descrittiva: una denominazione che descrive l'alimento e, se necessario, il suo uso e che è sufficientemente chiara affinché i consumatori determinino la sua reale natura e lo distinguano da altri prodotti con i quali potrebbe essere confuso;

termine minimo di conservazione: la data fino alla
quale tale prodotto conserva le sue proprietà specifiche in
adeguate condizioni di conservazione;

Marco Delledonne

Quante notizie in etichetta?

La denominazione del prodotto

La prima informazione che deve dare una etichetta è quella di far capire al Consumatore cosa sta acquistando. Questa informazione essenziale viene chiamata "denominazione dell'alimento o della bevanda".

La denominazione dell'alimento deve seguire delle regole ben precise in ordine di importanza.

La prima regola è che non è possibile denominare un prodotto alimentare come si vuole, ma secondo una logica giuridica che prevede di utilizzare:

1. per prima cosa la sua denominazione legale se esistente. Che cos'è la denominazione legale? È una denominazione stabilita da una legge europea o nazionale che obbliga ad usare per quella tipologia di alimento solo e solo quella denominazione: per esempio latte, cioccolato, carne, pesce, pane, burro, ecc.

2. qualora non esistente per legge una denominazione legale si deve ricorrere ad una "denominazione usuale". Nel caso in cui non esista una denominazione legale si deve far riferimento ad una denominazione derivante dall'uso abituale (usuale) di tale prodotto alimentare presso il territorio di produzione: diventano quindi utilizzabili le definizioni di mortadella, prosciutto crudo, coppa, ecc. È ammesso l'uso negli Stati membri della UE delle denominazioni usuali degli alimenti, così come previste nello Stato di produzione ma, nel caso in cui il Consumatore dello Stato estero che riceve il prodotto, possa non capire di cosa si tratta, è necessario che

accanto alla denominazione usuale compaia anche una migliore descrizione del prodotto alimentare.

3. Se non è disponibile neppure una denominazione usuale, la terza opzione disponibile è quella di utilizzare una "denominazione descrittiva". Bisognerà in questa descrizione far ben capire al Consumatore di cosa si tratta: preparazione a base di carne, prodotto di gastronomia, crema da spalmare, ecc.. Pensate alla famosa Nutella. Tutti la conosciamo con questo nome. La sua denominazione però sarà *"crema spalmabile a base di cacao e nocciole"*.

La denominazione dell'alimento deve essere accompagnata anche dalla indicazione sullo stato fisico (ad esempio: in polvere, congelato, affumicato, concentrato, ecc.) nel caso in cui l'omissione di tale informazione potrebbe indurre in errore l'acquirente.

Se gli alimenti sono stati congelati prima della vendita, ma sono venduti decongelati, la denominazione dell'alimento è accompagnata dalla designazione "decongelato".

Gli alimenti trattati con radiazioni ionizzanti debbono recare una delle seguenti indicazioni: **"irradiato" o "trattato con radiazioni ionizzanti"**. Quali sono le radiazioni ammesse per gli alimenti? Le radiazioni ammesse appartengono alla categoria di:

- raggi gamma emessi da radionuclidi 60Co o 137Cs;
- raggi X emessi da sorgenti artificiali attivate ad un livello energetico nominale pari o inferiore a 5 MeV;
- elettroni emessi da sorgenti artificiali attivate ad un livello energetico nominale pari o inferiore a 10 MeV.

In quali casi possono essere utilizzate queste radiazioni nel trattamento degli alimenti? Le motivazioni debbono rientrare in una o più di queste motivazioni:

- esiste una giustificata e ragionevole necessità tecnologica;
- costituisce un beneficio per il consumatore;
- non presenta rischi per la salute;
- non viene utilizzato per sostituire misure igieniche e sanitarie o buone prassi di fabbricazione cioè solo se gli alimenti sono sani e in buone condizioni al momento dell'applicazione del trattamento stesso;
- per prevenire la germinazione di patate, agli e cipolle;
- per prolungare la durata di conservazione dei prodotti;

In Italia è previsto un uso come anti-germoglio per patate, aglio e cipolla, mentre in altri Paesi (Francia, Belgio, Olanda, Regno Unito, Polonia e Repubblica ceca) vengono utilizzate anche su frutta, ortaggi, cereali, carni di pollo, prodotti ittici, ecc.

L'elenco degli ingredienti.

L'elenco degli ingredienti deve essere espresso nel seguente modo:

Ingredienti: ....

L'elenco comprende tutti gli ingredienti dell'alimento, in ordine decrescente di peso, così come registrati al momento del loro utilizzo nella fabbricazione dell'alimento (quantità stabilite nella ricetta del prodotto). Gli ingredienti presenti in quantità inferiore al 2% del peso totale del prodotto possono essere indicati anche in ordine sparso senza seguire la logica dell'ordine decrescente.

Non è necessario l'elenco degli ingredienti per i seguenti alimenti:

– gli ortofrutticoli freschi, comprese le patate, che non sono stati sbucciati o tagliati o che non hanno subito trattamenti analoghi;

– le acque gassificate dalla cui descrizione risulti tale caratteristica;

– gli aceti di fermentazione provenienti esclusivamente da un solo prodotto di base, purché non siano stati aggiunti altri ingredienti;

– i formaggi, il burro, il latte e le creme di latte fermentati, purché non siano stati aggiunti ingredienti diversi dai prodotti derivati dal latte, gli enzimi alimentari e le colture di microrganismi necessari alla fabbricazione o ingredienti diversi dal sale necessario alla fabbricazione di formaggi che non siano freschi o fusi;

– alimenti che comprendono un solo ingrediente a condizione che la denominazione dell'alimento sia identica alla denominazione dell'ingrediente; oppure consenta di determinare chiaramente la natura dell'ingrediente.

Normalmente <u>non è richiesto di indicare le quantità</u> degli ingredienti perché se ciò fosse obbligatorio verrebbe meno la segretezza della ricetta e quindi non verrebbe protetta la proprietà intellettuale e di fabbrica di un prodotto alimentare.

Se nel prodotto però viene specificato un ingrediente caratterizzante (per esempio tortellini **al prosciutto crudo**, brioche **al cioccolato**, **alla marmellata**, ecc.) è necessario, in questo caso, aggiungere tra parentesi la percentuale in peso di questo ingrediente caratterizzante (questa regola prende il nome di indicazione del "Quid"). L'indicazione del QUID è obbligatoria anche quando nella denominazione dell'alimento figura la categoria di ingredienti, per esempio pasticcio di verdure in crosta, bastoncini di pesce impanati, polpettone alle noci, torta di frutta. In questi casi, il QUID si riferisce alla quantità totale di verdure, pesce, noci o frutta presente nell'alimento.

Perché è importante il rispetto di questa regola del quid? Perché il Consumatore deve poter valutare il rapporto qualità/prezzo di un prodotto alimentare che contiene un ingrediente caratterizzante rispetto ad un analogo prodotto che non lo contiene. Pensiamo proprio all'esempio dei tortellini di carne con o senza prosciutto crudo. Come faccio a valutare il vero valore di quelli contenenti anche prosciutto crudo se non posso sapere quanto prosciutto crudo contengono?

Per gli ingredienti composti si applica il Quid se nella denominazione dell'alimento figura un ingrediente composto (per esempio, biscotti ripieni di crema), si deve indicare il QUID dell'ingrediente composto (il ripieno di crema), se nella denominazione dell'alimento figura un ingrediente dell'ingrediente composto (per esempio biscotti ripieni di crema all'uovo), si deve indicare anche il QUID di tale ingrediente (le uova), oltre a quello della crema.

Il Quid deve essere indicato anche quando sulla confezione viene riprodotta una immagine che richiama quel particolare ingrediente (ad esempio mucca per evidenziare latte, burro, ecc.).

Anche l'aggiunta di acqua deve essere dichiarata se supera in percentuale il 5%. A volte la troviamo in alcuni prodotti a base di carne o pesce (polpettoni per esempio o alcune specialità gastronomiche. Anche in questo caso la dichiarazione obbligatoria serve a tutelare il Consumatore che deve sapere che sta pagando quel quantitativo di acqua 10, 20 o più euro al kg.

Indicazioni particolari per le carni macinate:

per le carni macinate confezionate sono inoltre obbligatorie informazioni aggiuntive che traducano il contenuto in grasso ed il rapporto collagene/proteine. Il contenuto in grasso è facilmente capibile dal Consumatore (chi sarà a dieta sceglierà carni magre), il contenuto in collagene ed il suo rapporto con le proteine serve invece a far capire al Consumatore <u>la qualità</u> di ciò che gli stanno vendendo sotto forma di carne macinata. Il contenuto in collagene aumenta nei prodotti di minor valore prodotti con tagli di carne poco pregiati. Il collagene non vale nulla da un punto di vista nutritivo, ciò che conta sono le proteine ottenute da masse muscolari prive di tessuto connettivo e possibilmente magre.

	Tenore in materie grasse	Rapporto collagene/proteine della carne
carni macinate magre	$\leq 7\,\%$	$\leq 12\,\%$
carni macinate di puro manzo	$\leq 20\,\%$	$\leq 15\,\%$
carni macinate contenenti carne di maiale	$\leq 30\,\%$	$\leq 18\,\%$
carni macinate di altre specie	$\leq 25\,\%$	$\leq 15\,\%$

Il rapporto collagene/proteine della carne è espresso come percentuale di collagene nelle proteine della carne.

Gli allergeni

È necessario distinguere tra allergie e intolleranze. Per **allergia alimentare** si intende una malattia del sistema immunitario che si manifesta quando si instaura una reazione tra anticorpi specifici (IgE) e sostanze estranee ed esterne all'organismo. Per lo più si tratta di glicoproteine idrosolubili stabili a calore e succhi gastrici.

Nell'**intolleranza alimentare** invece non c'è coinvolgimento del sistema immunitario, ma in genere si riscontra la deficienza di uno o più enzimi ed a causa di ciò l'alimento parzialmente "indigerito" provoca una serie di reazioni limitate all'apparato gastrointestinale che si ripercuotono poi sul metabolismo generale.

Cosa intende la normativa per allergene?

Qualsiasi ingrediente, compresi eventuali coadiuvanti tecnologici che provochi allergie. Gli allergeni devono figurare nell'elenco degli ingredienti evidenziati con un carattere diverso rispetto al carattere con il quale sono scritti gli altri ingredienti (grassetto, corsivo, maiuscolo). Non è necessario che l'ingrediente in grado di provocare allergie sia preceduto dal termine "allergene" in quanto chi è allergico ad una sostanza non ha necessità di vedere scritto il termine allergene, mentre ha necessità di riconoscere agevolmente il nome dell'ingrediente che gli può provocare una reazione allergica.

Gli allergeni e le sostanze allergizzanti:

- **<u>Cereali contenenti glutine</u>**, vale a dire: grano (tra cui farro e grano khorasan), segale, orzo, avena o i loro ceppi ibridati e prodotti derivati, tranne:
    a) sciroppi di glucosio a base di grano, incluso destrosio;
    b) maltodestrine a base di grano;
    c) sciroppi di glucosio a base di orzo;
    d) cereali utilizzati per la fabbricazione di distillati alcolici, incluso l'alcol etilico di origine agricola.
- **<u>Crostacei e prodotti a base di crostacei</u>**.
- **<u>Uova e prodotti a base di uova</u>**.
- **<u>Pesce e prodotti della pesca</u>**, tranne:
    a) gelatina di pesce utilizzata come supporto per preparati di vitamine o carotenoidi;
    b) gelatina o colla di pesce utilizzata come chiarificante nella birra e nel vino.
- **<u>Arachidi e prodotti a base di arachidi</u>**.
- **<u>Soia e prodotti a base di soia</u>**, tranne:
    a) olio e grasso di soia raffinato;
    b) tocoferoli misti naturali (E306), tocoferolo D-alfa naturale, tocoferolo acetato D-alfa naturale, tocoferolo succinato D-alfa naturale a base di soia;
    c) oli vegetali derivati da fitosteroli e fitosteroli esteri a base di soia;
    d) estere di stanolo vegetale prodotto da steroli di olio vegetale a base di soia.

- **<u>Latte e prodotti a base di latte</u>** (incluso lattosio), tranne:
  a) siero di latte utilizzato per la fabbricazione di distillati alcolici, incluso l'alcol etilico di origine agricola;
  b) lattiolo.
- **<u>Frutta a guscio</u>**, vale a dire: mandorle (Amygdalus communis L.), nocciole (Corylus avellana), noci (Juglans regia), noci di acagiù (Anacardium occidentale), noci di pecan [Carya illinoinensis (Wangenh.) K. Koch], noci del Brasile (Bertholletia excelsa), pistacchi (Pistacia vera), noci macadamia o noci del Queensland (Macadamia ternifolia), e i loro prodotti, tranne per la frutta a guscio utilizzata per la fabbricazione di distillati alcolici, incluso l'alcol etilico di origine agricola.
- **<u>Sedano e prodotti a base di sedano</u>**.
- **<u>Senape e prodotti a base di senape</u>**.
- **<u>Semi di sesamo e prodotti a base di semi di sesamo</u>**.
- **<u>Anidride solforosa e solfiti</u>** in concentrazioni superiori a 10 mg/kg o 10 mg/litro in termini di SO_2 totale da calcolarsi per i prodotti così come proposti pronti al consumo o ricostituiti conformemente alle istruzioni dei fabbricanti.
- **<u>Lupini e prodotti a base di lupini</u>**.
- **<u>Molluschi e prodotti a base di molluschi</u>**.

Nel caso della frutta a guscio, il tipo specifico della frutta deve essere indicato nell'elenco degli ingredienti, ovvero mandorle, nocciole, noci, noci di acagiù, noci di pecan, noci del Brasile, pistacchi, noci macadamia o noci del Queensland, perché un Consumatore potrebbe essere allergico ad uno solo di questi frutti e non a tutti.

I Prodotti alimentari senza glutine

Il Glutine è la frazione proteica del frumento, della segale, dell'orzo, dell'avena o delle loro varietà incrociate nonché dei loro derivati, nei confronti della quale alcune persone sono intolleranti. Le persone affette da intolleranza sviluppano una malattia chiamata "celiachia".

La celiachia è una intolleranza permanente al glutine. Non si può essere "un po' celiaci". O lo si è, o non lo si è. Di celiachia non si guarisce!

Non è semplice ottenere la completa esclusione del glutine dai prodotti alimentari composti anche per il solo rischio di contaminazione accidentale da glutine dell'industria alimentare.

L'associazione italiana Celiaci (AIC) ha per questo motivo suddiviso gli alimenti in tre categorie:

«permessi»,

«a rischio» e

«vietati».

Nella suddivisione si tiene conto degli ingredienti e del processo di lavorazione ed anche di possibili contaminazioni crociate accidentali.

L'ABC della dieta del celiaco

Ovvero dove si trova il glutine?

<u>Per gentile concessione della Associazione Italiana Celiaci (AIC).</u>

☺ = Permesso

? = a Rischio

☹ = Vietato

La completa esclusione del glutine dalla dieta non è facile da realizzare: i cereali non permessi ai celiaci si ritrovano in numerosi prodotti alimentari ed il rischio di contaminazione accidentale da glutine è spesso presente nei processi di lavorazione dell'industria alimentare.

Per questo motivo, con l'obiettivo di informare pazienti e famiglie e semplificare l'accesso sicuro ai prodotti, l'AIC suddivide gli alimenti nelle tre categorie degli alimenti: «permessi», «a rischio» e «vietati». Tale suddivisione è stata effettuata considerando per ogni prodotto alimentare gli ingredienti ed il processo di lavorazione, quindi la possibile contaminazione crociata da glutine.

☺ con questo simbolo vengono indicati gli alimenti che possono essere consumati liberamente, in quanto naturalmente privi di glutine o appartenenti a categorie alimentari non a rischio per i celiaci, poiché nel corso del loro processo produttivo non sussiste rischio di contaminazione. **Questi prodotti NON sono inseriti nel Prontuario AIC degli Alimenti.**

? con questo simbolo vengono indicati gli alimenti a rischio che potrebbero contenere glutine in quantità superiore a 20 ppm (20 mg/kg) o a rischio di contaminazione e per i quali è necessario conoscere e controllare gli ingredienti ed i processi di lavorazione. I prodotti di queste categorie che vengono valutati come idonei dall'AIC vengono inseriti nel Prontuario AIC degli Alimenti.

L'AIC consiglia il consumo di questi alimenti solo se presenti in Prontuario o riportanti la dicitura «senza glutine».

con questo simbolo vengono indicati gli alimenti vietati che contengono glutine e pertanto non sono idonei ai celiaci. Tali alimenti, ovviamente, **NON sono inseriti nel Prontuario.**

Per poter avere dei prodotti idonei al consumo dei celiaci è necessario che le aziende produttrici applichino un corretto piano di controllo delle materie prime e del prodotto finito; inoltre occorre monitorare costantemente il processo produttivo, gli ambienti di lavoro, le attrezzature, gli impianti e formare adeguatamente gli operatori.

Tutto questo diventa ancora più importante se si considera che possono verificarsi, durante le produzioni, pericolosi fenomeni di contaminazione crociata o ambientale da glutine. Così, estremizzando, può accadere (soprattutto per alcune categorie di prodotti come gli sfarinati) che da un ingrediente naturalmente privo di glutine si ottenga un prodotto finito (amidi, farine, fecole, ecc.) contaminato. Se, ad esempio, nel medesimo molino viene lavorato anche del frumento o un altro cereale proibito, sussiste un forte rischio di contaminazione dei prodotti finiti, per presenza di glutine negli ambienti di lavoro e nei sistemi di trasporto utilizzati.

Per questo motivo alcune categorie di prodotti, anche se preparati o derivati con ingredienti naturalmente privi di glutine, sono considerate «a rischio».

Cereali, Tuberi, Farine e derivati

☺ Riso in chicchi

☺ Mais (granoturco) in chicchi, cotto al vapore

☺ Grano saraceno in chicchi

☺ Amaranto in chicchi

☺ Miglio in semi

☺ Quinoa in semi

☺ Sorgo in chicchi

☺ Teff in chicchi

☺ Tuberi (patata, patata dolce, patata messicana, manioca, topinambur, ecc.)

☺ Prodotti sostitutivi presenti nel Registro del Ministero della Salute

☺ Avena (unicamente come ingrediente dei prodotti presenti nel Registro Nazionale del Ministero della Salute)

- Mix di cereali permessi, mix di cereali permessi e legumi
- Farine, fecole, amidi (es. maizena), semole, semolini, creme e fiocchi dei cereali permessi
- Farina per polenta precotta ed istantanea, polenta pronta
- Farina di: ceci, soia, castagne, mandorle, nocciole, ecc.
- Malto, estratto di malto dei cereali permessi
- Estratto di malto dei cereali vietati
- Tapioca (farina di manioca)
- Amido di frumento deglutinato
- Prodotti per prima colazione a base di cereali permessi (soffiati, in fiocchi, muesli)
- Cialde, gallette dei cereali permessi
- Crusca dei cereali permessi
- Fibre vegetali e dietetiche
- Pop-corn confezionati
- Risotti pronti (in busta, surgelati, aromatizzati)
- Couscous, tacos, tortillas da cereali permessi
- Prodotti sostitutivi (es. mix di farine, pane e sostituti del pane, pasta)

L'etichettatura degli alimenti: piccola guida per il Consumatore

☹ Frumento (grano)

☹ Farro

☹ Orzo

☹ Avena (tranne quella presente come ingrediente nei prodotti presenti nel Registro Nazionale del Ministero della Salute)

☹ Segale

☹ Monococco

☹ Grano khorasan (di solito commercializzato come Kamut®)

☹ Spelta

☹ Triticale

☹ Farine, amidi, semole, semolini, creme e fiocchi dei cereali vietati

☹ Primi piatti preparati con i cereali vietati (paste, paste ripiene, gnocchi di patate, gnocchi alla romana, pizzoccheri, crepes)

☹ Pane e prodotti sostitutivi da forno, dolci e salati, preparati con i cereali vietati (pancarrè, pangrattato, focaccia, pizza, piadine, panzerotti, grissini, crackers, fette biscottate, taralli, crostini,salatini, cracotte, biscotti, merendine, pasticcini, torte)

☹ Germe di grano

☹ Farine e derivati etnici: bulgur (boulgour o burghul), couscous (da cereali vietati), cracked grano, frik, greis, greunkern, seitan, tabulè

☹ Crusca dei cereali vietati

☹ Malto dei cereali vietati

☹ Prodotti per prima colazione a base di cereali vietati (soffiati, in fiocchi, muesli, porridge)

☹ Polenta taragna (se la farina di grano saraceno è miscelata con farina di grano)

Carne, Pesce e Uova

☺ Tutti i tipi di carne, pesce, molluschi e crostacei tal quali (freschi o congelati) non miscelati con altri ingredienti (a esclusione di solfiti, acido citrico, acido ascorbico, citrato di sodio e carbonati di sodio)

☺ Pesce conservato: al naturale, sott'olio, affumicato, privo di additivi, aromi e altre sostanze (a esclusione dei solfiti, acido citrico e acido ascorbico)

☺ Uova

☺ Uova (intere, tuorli o albumi) liquide pastorizzate prive di additivi, aromi e altre sostanze (non aromatizzate)

☺ Prosciutto crudo

☺ Lardo di Colonnata IGP e Lardo d'Arnad DOP

L'etichettatura degli alimenti: piccola guida per il Consumatore

? Salumi e insaccati di carne suina, bovina o avicola (bresaola, coppa, cotechino, lardo, mortadella, pancetta, prosciutto cotto, salame, salsiccia, speck, würstel, zampone, affettati di pollo o tacchino, ecc.)

? Conserve di carne (es. carne in scatola, in gelatina)

? Hamburger

? Pesce conservato: al naturale, sott'olio, affumicato, addizionato di altre sostanze (a esclusione di solfiti, acido citrico e acido ascorbico)

? Omogeneizzati di carne, pesce, prosciutto

? Piatti pronti o precotti a base di carne o pesce

? Uova (intere, tuorli o albumi) liquide pastorizzate aromatizzate

? Uova (intere, tuorli o albumi) in polvere

? Surimi

☹ Carne o pesce impanati (cotoletta, bastoncini, frittura di pesce, ecc.) o infarinati o miscelati con pangrattato (hamburger, polpette, ecc.) o cucinati in sughi e salse addensate con farine vietate

Latte, Latticini, Formaggi e sostitutivi vegetali

☺ Latte: fresco (pastorizzato), a lunga conservazione (UHT, sterilizzato), delattosato o ad alta digeribilità, non addizionato di aromi o altre sostanze (ad eccezione di vitamine e/o minerali)

☺ Latte in polvere non addizionato di altri ingredienti

☺ Latte per la prima infanzia (0-12 mesi)

☺ Latte fermentato, probiotici (contenenti unicamente latte/yogurt, zucchero e fermenti lattici)

☺ Formaggi freschi e stagionati anche se delattosati

☺ Formaggi Parmigiano Reggiano DOP e Grana Padano DOP grattugiati

☺ Yogurt naturale (magro o intero) anche se delattosato

☺ Yogurt bianco cremoso senza aggiunta di addensanti, aromi o altre sostanze (contenenti unicamente yogurt, zucchero e fermenti lattici)

☺ Yogurt greco (contenente unicamente latte, crema di latte e fermenti lattici) non addizionato di aromi o altre sostanze

☺ Panna: fresca (pastorizzata) e a lunga conservazione (UHT) anche se delattosata, non miscelata con altri ingredienti, a esclusione di carragenina (E 407)

L'etichettatura degli alimenti: piccola guida per il Consumatore

? Panna: a lunga conservazione (UHT) condita (ai funghi, al salmone, ecc.), montata, spray, vegetale

? Yogurt alla frutta, "al gusto di...", cremosi

? Yogurt bianco cremoso con aggiunta di addensanti, aromi o altre sostanze

? Yogurt greco con aggiunta di addensanti, aromi o altre sostanze

? Yogurt di soia, riso

? Formaggi fusi, fusi a fette, formaggini, vegetali (es. tofu)

? Formaggi light con aggiunta di addensanti, aromi o altre sostanze

? Formaggi spalmabili con aggiunta di addensanti, aromi o altre sostanze

? Fiocchi di latte con aggiunta di addensanti, aromi o altre sostanze

? Mix di formaggi grattugiati

? Creme, budini, dessert, panna cotta a base di latte, soia, riso

? Latte in polvere addizionato di altri ingredienti

? Latte condensato

? Latte addizionato/arricchito con fibre, cacao, aromi o altre sostanze (ad eccezione di vitamine e/o minerali)

? Latte di crescita (1-3 anni)

? Latte fermentato, probiotici con aggiunta di addensanti, aromi o altre sostanze

? Bevande a base di latte, soia, riso, mandorle

? Omogeneizzati di formaggio

☹ Piatti pronti a base di formaggio impanati con farine vietate

☹ Yogurt al malto, ai cereali, ai biscotti

☹ Latte ai cereali, ai biscotti

☹ Bevande a base di avena

Verdura e Legumi

☺ Tutti i tipi di verdura tal quale (fresca, essiccata, congelata, surgelata, liofilizzata)

☺ Verdure, funghi conservati (in salamoia, sottaceto, sott'olio, sotto sale) se costituiti unicamente da: verdure e/o funghi, acqua, sale, olio, aceto, zucchero, anidride solforosa, acido ascorbico, acido citrico, spezie e piante aromatiche

☺ Verdure cotte al vapore/lessate anche se addizionate di sale, acido ascorbico e acido citrico

☺ Funghi freschi, secchi, surgelati tal quali

☺ Tutti i legumi tal quali (freschi, surgelati, secchi e in scatola) o costituiti unicamente da acqua, sale, zucchero, anidride solforosa, acido ascorbico, acido citrico, concentrato di pomodoro: carrube, ceci, cicerchia, fagioli, fave, lenticchie, lupini, piselli, soia

☺ Preparati per minestrone (surgelati, freschi, secchi) costituiti unicamente da ortaggi (verdure, legumi, patate)

? Preparati per minestrone costituiti da ortaggi e altri ingredienti

? Passate di verdura

? Zuppe e minestre con cereali permessi

? Mix di legumi, mix di legumi e cereali permessi

? Piatti pronti a base di verdura surgelata precotta (es. verdure e formaggio)

? Patate surgelate prefritte, precotte

? Patatine confezionate in sacchetto (snack)

? Purè istantaneo o surgelato

? Fiocchi di patate

? Verdure conservate, cotte al vapore/lessate miscelate con altri ingredienti

? Verdure grigliate (in salamoia, sott'olio, surgelate)

? Omogeneizzati di verdure

☹ Verdure (minestroni, zuppe, ecc.) con cereali vietati

☹ Verdure impanate, infarinate, in pastella con ingredienti vietati

Frutta

☺ Tutti i tipi di frutta tal quale (fresca e surgelata)

☺ Tutti i tipi di frutta secca con e senza guscio (tostata, salata anche se addizionata di olii vegetali)

☺ Frutta disidratata, essiccata non infarinata anche se addizionata di olii vegetali, anidride solforosa e acido citrico (datteri, fichi, prugne secche, uva sultanina, ecc.)

☺ Frutta sciroppata anche se addizionata di acido citrico, acido ascorbico, succo, zucchero, sciroppo di glucosio o di glucosio-fruttosio

☺ Frullati, mousse e passate di frutta costituiti unicamente da frutta, zucchero, acido ascorbico (E300 o vitamina C) e acido citrico (E330)

? Frutta candita, caramellata, glassata

? Frullati, mousse e passate di frutta miscelati con altri ingredienti

? Omogeneizzati di frutta

? Farina e granella di frutta secca (cocco, mandorle, nocciole, castagne, ecc.)

☹ Frutta disidratata infarinata (fichi secchi, ecc.)

Bevande e preparati per bevande

☺ Nettari e succhi di frutta non addizionati di vitamine o altre sostanze (conservanti, aromi, coloranti, ecc.), a esclusione di: acido ascorbico (E300 o vitamina C), acido citrico (E330), zucchero, fruttosio, sciroppo di glucosio o di glucosio-fruttosio

☺ Bevande gassate/frizzanti (aranciata, cola, ecc.) non addizionate di edulcoranti

? Bevande light, "zero", addizionate di edulcoranti

? Bevande a base di frutta

? Bevande a base di latte, soia, riso, mandorle

? Bevande al gusto di caffè al ginseng

? Frappè (miscele già pronte, in polvere)

? Integratori salini (liquidi, in polvere)

? Nettari e succhi di frutta addizionati di vitamine o altre sostanze

? Preparati per bevande al cioccolato/cacao, cappuccino

? Sciroppi per bibite e granite

? Effervescenti per bevande

☹ Bevande all'avena

Caffè, tè, tisane

☺ Caffè, caffè decaffeinato, caffè in cialde e in capsule

☺ Tè, tè deteinato, camomilla, tisane (sfusi, in filtro,
bustina) costituiti da erbe, frutta e aromi

? Caffè al ginseng, bevande al gusto di caffè al ginseng

? Caffè solubili

? Cialde per bevande calde

? Tè, camomilla, tisane (liquidi, solubili e preparati in
polvere)

? Tè, tè deteinato, tisane (sfusi, in filtro, bustina)
costituiti da erbe, frutta e aromi addizionati di altri
ingredienti (es. cioccolato, meringa, caramello)

☹ Caffè solubile, surrogati del caffè, bevande e preparati a
base di cereali vietati (es. orzo) ad esclusione di quelli con
dicitura senza glutine (si raccomanda un consumo
saltuario, vedi la FAQ all'indirizzo)

Alcolici

☺ Vino, spumante

☺ Distillati (cognac, gin, grappa, rhum, tequila, whisky, vodka) non addizionati di aromi o altre sostanze

? Bevande alcoliche addizionate con aromi o altre sostanze (es. liquori, distillati addizionati con altre sostanze)

? Birre da cereali permessi

? Sidro

☹ Birre da malto d'orzo e/o di frumento ad esclusione di quelle con dicitura senza glutine (si raccomanda un consumo saltuario.

Dolciumi

☺ Miele, zucchero (bianco, di canna, in granella)

☺ Radice di liquirizia grezza

☺ Maltodestrine e sciroppi di glucosio, incluso il destrosio anche di derivazione da cereali vietati

☺ Fruttosio puro

☺ Sciroppo di: agave, acero

? Cacao in polvere

? Caramelle, canditi, confetti, gelatine, chewing-gum

? Cioccolato (con e senza ripieno), creme spalmabili al cioccolato e/o alla nocciola

? Decorazioni per dolci (praline, codette, coloranti alimentari)

? Dolcificanti

? Gelati industriali o artigianali, semilavorati per gelati casalinghi/gelateria

? Marmellate e confetture

? Marrons glacés

? Pasta di zucchero, marzapane

? Torrone, croccante

? Zucchero a velo, aromatizzato

☹ Cioccolato con cereali

☹ Torte, biscotti e dolci preparati con farine vietate e/o ingredienti non idonei

Grassi, spezie, condimenti e varie

☺ Burro, burro chiarificato, strutto, burro di cacao

☺ Olii vegetali

☺ Aceto di vino (non aromatizzato)

☺ Aceto Balsamico Tradizionale DOP: di Modena, di Reggio Emilia; Aceto Balsamico di Modena IGP

☺ Aceto di mele

☺ Lievito (di birra): fresco, liofilizzato, secco

☺ Bicarbonato di sodio, ammoniaca per dolci, cremor tartaro tal quali

☺ Estratto di lievito

☺ Agar Agar in foglie

☺ Pappa reale, polline

☺ Passata di pomodoro, pomodori pelati, polpa di pomodoro e concentrato di pomodoro non miscelati con altri ingredienti ad esclusione di acido ascorbico (E300 o vitamina C) e acido citrico (E330), succo di pomodoro, zucchero, sale

☺ Pepe, sale, zafferano

☺ Spezie ed erbe aromatiche tal quali anche se addizionate di sale

☺ Curry costituito esclusivamente da spezie e piante aromatiche

☺ Succo di limone non addizionato di altri ingredienti (a esclusione di metabisolfiti e olio essenziale)

☺ Semi (canapa, chia, girasole, lino, sesamo, zucca, ecc.)

? Aceto aromatizzato, condimento balsamico (aceto balsamico non DOP, non IGP)

? Besciamella con farine dei cereali permessi

? Burro light, margarina e margarina light

? Condimenti a composizione non definita

? Sughi pronti (ragù, pesto, ecc.)

? Mix di semi

? Salse (maionese, senape, ketchup, ecc.), paté, pasta d'acciughe

? Mostarda

? Dadi, preparati per brodo, estratti (di carne e vegetali)

? Insaporitori aromatizzanti

? Agar-Agar in polvere, in barrette

? Gomma di: guar, xantano

? Aromi - vanillina

? Colla di pesce

? Gelatina alimentare

? Lievito chimico (agenti lievitanti)

? Lievito di birra fresco liquido

? Lecitina di soia

? Miso, tamari, salsa di soia

? Curry addizionato di altri ingredienti

? Tofu

☹ Lievito naturale o lievito madre o lievito acido

☹ Seitan

☹ Besciamella con farine dei cereali vietati

Integratori alimentari

? Integratori alimentari

La quantità netta

La quantità netta di un alimento è espressa utilizzando, a seconda dei casi, il litro, il centilitro, il millilitro, il chilogrammo o il grammo in unità di volume per i prodotti liquidi in unità di massa per gli altri prodotti.

L'indicazione della quantità netta non è obbligatoria per gli alimenti:

– che sono soggetti a notevoli perdite del loro volume o della loro massa e che sono venduti al pezzo o pesati davanti all'acquirente;

– la cui quantità netta è inferiore a 5 g o 5 ml.

Questa disposizione non si applica nel caso delle spezie e delle piante aromatiche.

Quando un alimento solido è presentato in un liquido di copertura, viene indicato anche il peso netto sgocciolato di questo alimento. Quando l'alimento è stato glassato, il peso netto indicato dell'alimento non include la glassatura.

La data di scadenza

Per gli alimenti molto deperibili dal punto di vista microbiologico deve essere fissata dal produttore una data di scadenza. Al superamento di tale data il prodotto non deve essere più commercializzato e consumato e viene considerato "prodotto a rischio per la salute umana".

La data di scadenza deve essere indicata nella forma GIORNO – MESE - ANNO. A questo è necessario aggiungere anche le condizioni di conservazione del prodotto alimentare.

Il termine minimo di conservazione (TMC) viene invece utilizzato per tutti i prodotti alimentari nei quali non vi è un rischio di degradazione microbiologica. Si tratta quindi di prodotti che entro un certo periodo di tempo rimangono stabili.

Il termine minimo di conservazione (TMC) deve essere stabilito dal produttore e viene indicato nel seguente modo:

- per i prodotti alimentari conservabili per meno di tre mesi: da consumarsi preferibilmente entro il ... GIORNO – MESE – ANNO;

- per i prodotti conservabili da 3 mesi a 18 mesi: da consumarsi preferibilmente entro il ... MESE – ANNO;

- per i prodotti conservabili oltre 18 mesi: da consumarsi preferibilmente entro il ... ANNO;

L'indicazione del termine minimo di conservazione non è richiesta nei casi:

- degli ortofrutticoli freschi, comprese le patate, che non sono stati sbucciati o tagliati o che non hanno subito trattamenti analoghi. La deroga non si applica ai semi germinali e prodotti analoghi quali i germogli di leguminose,

- dei vini, vini liquorosi, vini spumanti, vini aromatizzati e prodotti simili ottenuti a base di frutta diversa dall'uva.
- delle bevande con un contenuto di alcol pari o superiore al 10 % in volume,
- dei prodotti della panetteria e della pasticceria che, per loro natura, sono normalmente consumati entro le ventiquattro ore successive alla fabbricazione,
- degli aceti,
- del sale da cucina,
- degli zuccheri allo stato solido,
- dei prodotti di confetteria consistenti quasi unicamente in zuccheri aromatizzati e/o colorati,
- delle gomme da masticare e prodotti analoghi.

Quando il TMC è superato il prodotto alimentare può ancora essere commercializzato?

Non è semplice rispondere a questa domanda in quanto nella normativa europea ed in quella italiana il tema non viene esaminato in modo diretto. Sembra che il legislatore si trovi in imbarazzo a dover decidere se consentire la vendita di un prodotto che, pur non essendo a rischio, ha comunque esaurito il periodo di commercializzazione ottimale definito dal produttore (perché il Consumatore dovrebbe acquistare un prodotto che ha superato il TMC e quindi ha un minor valore organolettico e commerciale?) ovvero a dover decidere per una sua eliminazione dal mercato (con tutti i problemi di fame nel mondo!). in questo clima di incertezza, di detto e non detto entra come sempre in gioco la magistratura con la sua giurisprudenza.

La Corte di Giustizia Europea, nel "caso Müller" sentenza del 13/03/2003, ha precisato che il prodotto alimentare con termine minimo di conservazione scaduto può essere legittimamente in commercio in quanto non disciplinato dalla normativa europea (Dir. 2000/13/CE) a meno che non esista specifica normativa degli Stati membri. Con il regolamento 1169/2011 nulla è cambiato in quanto anche questa ultima normativa non entra nel merito della vendita di prodotti con TMC superato, ma solo in quella degli alimenti scaduti.

In Italia un primo orientamento giurisprudenziale risalente agli anni 80' considerava sia l'alimento scaduto sia quello con TMC superato alla stessa stregua e considerava la vendita di tali prodotti come violazione penale della legge 283/1962 art. 5 lettera b): *"alimenti in cattivo stato di conservazione"*. Si considerava la condizione estrinseca dell'alimento (superamento di una data) come condizione intrinseca (cattivo stato di conservazione e alimento dannoso).

Le Sezioni Unite della Corte di Cassazione (Cass. Sez. Unificate Penale, 4 gennaio 1996, n. 790), superando il precedente orientamento giurisprudenziale, hanno poi negato l'equiparazione tra alimento "scaduto" e alimento "in cattivo stato di conservazione", precisando che in precedenza e sbagliando si riteneva che gli alimenti si deteriorassero solo per il fatto di aver superato il "termine di conservazione". Oggi, in base alla giurisprudenza, non vi è un aprioristico divieto di vendere tali alimenti dopo la scadenza del termine minimo di conservazione, tuttavia sarebbe opportuno che il legislatore ponesse comunque dei limiti per non lasciare il Consumatore in balia di chi commercializza a volte senza tanti scrupoli.

Condizioni di conservazione o d'uso

Per gli alimenti che richiedono condizioni particolari di conservazione e/o d'uso, tali condizioni devono essere indicate.

Le corrette indicazioni di conservazione e d'uso assumono notevole importanza soprattutto nel caso di alimenti crudi da consumare previa cottura.

In questo caso sono molto importanti le indicazioni sulla temperatura di conservazione (per esempio: "conservare in frigorifero a temperatura inferiore a +4°C".) e quelle sul trattamento termico che l'alimento deve subire per inattivare eventuali microrganismi patogeni presenti. Sarebbero però utili, riguardo alla cottura, non solo i termini normalmente utilizzati "da consumare previa cottura" o "da consumare previa adeguata cottura" che troviamo soprattutto per carne e pesce crudi da consumarsi cotti, ma anche indicazioni sui tempi di cottura necessari per inattivare quei microrganismi patogeni. Alcune correnti di pensiero sostengono che, qualora presente l'indicazione d'uso "da consumare previa adeguata cottura" possano ritrovarsi all'interno del prodotto alimentare crudo agenti microbiologici patogeni quali Salmonella, E. Coli, Listeria, Virus Epatite A, Norovirus, giustificando la loro presenza perché la cottura li inattiverebbe.

Anche la Direzione Generale per l'Igiene e la Sicurezza degli Alimenti del Ministero della Salute con la circolare n. 0030530 del 28 luglio 2015 ha sostenuto tale tesi, giustificando però la presenza ai soli sierotipi di Salmonelle cosiddette "non rilevanti".

Personalmente non mi trovo d'accordo con questa tesi perché in evidente contrasto con quanto previsto dal

Regolamento CE 2073/2005 il quale non discrimina tra Salmonelle maggiori e minori, rilevanti o non rilevanti, ma impone riguardo a Salmonella spp. un limite di 0 Salmonelle in 25 grammi anche in alimenti da destinare a cottura. È ovvio che la cottura garantisce il risanamento dell'alimento inquinato con tali patogeni ma il problema è quello di esser sicuri che i tempi di cottura siano adeguati all'inattivazione del patogeno, cosa che, messa nelle mani del Consumatore non esperto, non garantisce assolutamente la sicurezza e l'innocuità dell'alimento.

Per consentire una conservazione o un uso adeguato degli alimenti dopo l'apertura della confezione, devono essere indicate le condizioni di conservazione e/o il periodo di consumo, se del caso.

Le istruzioni per l'uso di un alimento sono indicate in modo da consentire un uso adeguato dello stesso.

Il nome di chi commercializza o di produce

La legge obbliga in Europa ad indicare in etichetta solamente il nome e l'indirizzo di chi commercializza l'alimento. In Italia vige l'obbligo di indicare, nel caso sia diverso, anche il nome e l'indirizzo del produttore dell'alimento.

Il paese d'origine o il luogo di provenienza

L'origine del prodotto è un dato che acquisisce un forte richiamo pubblicitario e che genera quindi effetti sulla concorrenza. Da qui l'opposizione di diversi, se non tutti i Paesi Europei, al fatto che l'Italia etichetti i prodotti alimentari con la propria bandiera, in quanto il "made in Italy" è riconosciuto come un valore aggiunto da parte di Consumatori.

È evidente che i nomi italiani, le diciture italianeggianti, il tricolore italiano e le immagini che li richiamano, vengano utilizzati impropriamente per pubblicizzare articoli che di italiano non hanno nulla. Il fenomeno si sta diffondendo sempre più a macchia d'olio danneggiando i nostri prodotti più prestigiosi, in particolare quelli del comparto enogastronomico (vini, olio extra vergine d'oliva, formaggi, caffè, pizza, pasta, sughi, ecc.) ma anche di altri settori rilevanti come, ad esempio, il design e la moda.

La norma europea di riferimento per tutti gli Stati UE prevede che l'indicazione del paese d'origine o del luogo di provenienza è obbligatoria tutte le volte in cui l'omissione di tale indicazione possa indurre in errore il consumatore in merito al paese d'origine o al luogo di provenienza reali dell'alimento; in particolare se le informazioni che accompagnano l'alimento o contenute nell'etichetta nel loro insieme potrebbero altrimenti far pensare che l'alimento abbia un differente paese d'origine o luogo di provenienza. Se per esempio leggo "Sangria" sono portato a pensare che si tratti di un prodotto di origine spagnola. Se viene invece prodotta in Francia è obbligatorio indicare dove è stata effettivamente prodotta.

L'etichettatura degli alimenti: piccola guida per il Consumatore

Esistono regole specifiche per i vari tipi di alimenti. Per le carni bovine è obbligatorio indicare in etichetta il paese di nascita, il paese di allevamento o ingrasso, il paese di macellazione ed il paese di sezionamento delle carcasse di carne macellate.

La normativa europea prevede però che nel caso di prodotti composti o lavorati possa essere indicato come paese di origine anche il paese dove è avvenuta l'ultima trasformazione sostanziale dell'alimento. È chiaramente una indicazione legislativa che favorisce i paesi a scarsa cultura alimentare e culinaria e sfavorisce un paese come l'Italia, universalmente riconosciuto come eccellenza alimentare in tutto il mondo. Sarà infatti sufficiente importare la materia prima da qualsiasi paese del mondo e sottoporla ad un trattamento sostanziale in Italia per poter dichiarare il prodotto di "origine italiana". Ciò spiega anche l'invasione di multinazionali sul suolo italiano.

La legislazione italiana faticosamente raggiunta, grazie alle giuste battaglie di Coldiretti e delle altre Associazioni Agricole, sul latte utilizzato nei prodotti lattiero caseari, quella sull'origine del grano nella pasta, quella sull'origine del riso o del pomodoro non sarà più valida ed utilizzabile dalla data di applicazione del regolamento UE 2018/775 fissata per il 1° aprile 2020.

Uno spreco di energie ed investimenti per le aziende italiane che a seguito della applicazione delle normative italiane hanno dovuto adeguare i loro sistemi di tracciabilità ed etichettatura dei loro prodotti e che con l'entrata in vigore del nuovo regolamento ritorneranno al vecchio metodo buttando gli investimenti fatti. Non tutta però l'industria italiana sarà dispiaciuta di questo ritorno al passato.

Un'altra deroga riguarda la non applicazione della norma per i marchi registrati, fortemente voluta dall'industria alimentare europea, ma anche da molta industria italiana, permetterà di non comunicare la diversa origine della materia prima prevalente (es. carne suina di Paesi Europei - tedesca, olandese, etc. - in un prodotto di salumeria italiano). Questa esenzione non è limitata a marchi storici già in utilizzo, ma si estende anche a nuovi marchi che verranno: logico pensare che per aggirare la norma basti registrare un nuovo marchio. E così, sarà sufficiente concentrare la suggestione della nazionalità di un prodotto all'interno di un marchio per eludere l'obbligo di indicare la diversa origine dell'ingrediente primario.

La deroga si estende anche a favore delle IGP disciplinate da varie normative Europee:

- Regolamento UE 1151/2012 (DOP e IGP),
- Regolamento UE 1308/2013 (Organizzazione Comune dei Mercati, OCM),
- Regolamento CE 110/2008 (bevande spiritose e liquori),
- Regolamento UE 251/2014 (vini aromatizzati),
- Accordi internazionali (CETA).

In questo modo saranno fornite minori informazioni al Consumatore che acquista prodotti con "indicazione geografica protetta" rispetto ad alimenti privi di registrazione europea. Ad esempio non leggeremo in etichetta l'origine della carne (di solito sud-americana, perlopiù zebù brasiliano) utilizzata per la produzione della "Bresaola della Valtellina IGP", oppure la carne di maiali tedeschi utilizzata per la produzione di "Speck dell'Alto Adige", ma avremo invece l'informazione completa sull'origine della carne utilizzata per la produzione della "carne salada" del Trentino che invece non ha registrato questo nome per il riconoscimento europeo.

Chi vince e chi perde con questa nuova norma?

L'etichettatura degli alimenti: piccola guida per il Consumatore

Vince quella che viene chiamata "Big Food", cioè la grande industria alimentare europea che segue una logica esclusivamente finanziaria ed acquista le materie prime sul mercato mondiale in funzione dei prezzi più convenienti senza preoccuparsi di metodi di produzione agricola, limiti di utilizzo di pesticidi, farmaci, ormoni, etc.

Perde: il Consumatore, il piccolo o medio Produttore italiano e francese che hanno i loro prodotti maggiormente copiati da altri Paesi.

Perde: il Governo italiano e Coldiretti che tanto avevano investito anche in termini mediatici sulla buona riuscita dei provvedimenti adottati in Italia per fornire una indicazione geografica dei prodotti sotto forma di immagine della bandiera italiana. Già all'epoca della approvazione da parte del Parlamento italiano di questi provvedimenti nazionali si sapeva che sarebbero stati superati dalle nuove normative europee. I veri giochi economici e di potere si svolgono in Commissione Europea e nel Parlamento Europeo con buona pace dei nazionalisti.

Le motivazioni della Commissione Europea

Il settore alimentare e delle bevande dell'UE ha un fatturato di 1048 miliardi di EURO, produce un valore aggiunto di 206 miliardi di EURO e dà lavoro a 4,2 milioni di persone, il che lo rende il **settore industriale più importante e il principale datore di lavoro dell'UE**.

Nel settore operano oltre 286000 società, il 99% delle quali è costituito da Piccole e Medie Imprese (comprese le microimprese).

Nella maggior parte dei settori alimentari gli Operatori del settore dell'UE si riforniscono di materie prime da una pluralità di fonti. Per prodotti quali il caffè, la farina, le diverse fonti di materie prime devono poter mantenere la qualità desiderata del prodotto ed evitare variazioni dovute alla stagionalità. Anche il prezzo rappresenta un parametro fondamentale: l'origine delle materie prime viene spesso diversificata per ridurre al minimo i costi. Più la catena di approvvigionamento è complessa e sofisticata, più l'etichettatura d'origine diventa onerosa.

Quanto alla tracciabilità, a norma della legislazione dell'UE in materia di sicurezza alimentare gli Operatori devono poter individuare i loro fornitori e clienti diretti. Questa tracciabilità "un passo indietro - un passo in avanti" è generalmente l'unica ad essere garantita e solo il 29% degli Operatori si spinge oltre questo requisito, istituendo un sistema di tracciabilità più completo (rintracciabilità interna all'impresa alimentare).

Dalla consultazione delle parti interessate è emerso che l'etichettatura d'origine facoltativa è stata utilizzata raramente nei settori alimentari oggetto della relazione. Tali regimi, laddove vi si ricorra, sono utilizzati solo per una parte modesta della produzione totale di un dato prodotto (ad esempio, < 1% del mercato del caffè nel suo insieme) e soprattutto per il segmento ad alto valore. I prodotti recanti il marchio di un regime di qualità dell'UE, quali la denominazione di origine protetta (DOP), l'indicazione geografica protetta (IGP) o le specialità tradizionali garantite (STG), non sono preponderanti nella maggior parte delle categorie di alimenti che rientrano nel campo di applicazione della relazione. Tali indicazioni non sono sempre legate alla provenienza delle materie prime ma possono essere connesse, ad esempio, a un know-how regionale e si riferiscono al luogo di produzione.

Le ricerche condotte sui consumatori dimostrano che, tra gli aspetti che incidono sul comportamento del consumatore, l'etichettatura di origine è inferiore per importanza a fattori quali il prezzo, il gusto, la data di scadenza/la data di consumo consigliata, la comodità e/o l'aspetto.

Marco Delledonne

La tracciabilità obbligatoria dei prodotti alimentari

Un aspetto ritenuto importante della sicurezza alimentare è la "rintracciabilità", definita dal Regolamento CE 178/2002 come "la possibilità di ricostruire e seguire il percorso di un alimento, di un mangime, di un animale destinato alla produzione alimentare o di una sostanza destinata o atta ad entrare a far parte di un alimento o di un mangime attraverso tutte le fasi della produzione, della trasformazione e della distribuzione".

È mio parere che di per sé la rintracciabilità non sia però utile per garantire la sicurezza di un alimento, semmai è utile per evitare che un problema di sicurezza alimentare di un alimento diffonda ulteriormente dopo che si è verificato ed è stato scoperto. Insieme a due misure previste dal Regolamento CE 178/2002 e cioè "ritiro" e "richiamo" dell'alimento a rischio definisce le azioni che debbono essere compiute dall'Operatore del settore alimentare quando questo ha notizia che un alimento o un mangime immesso sul mercato rappresenta un rischio per l'uomo o per gli animali che producono alimenti per l'uomo.

Lo scopo della rintracciabilità enunciato nei buoni propositi della Unione Europea (consideranda del regolamento 178/2002) è quello di far sì che tutto ciò che entra nella catena alimentare (mangimi, animali vivi destinati al consumo umano, alimenti, ingredienti, additivi ecc.) conservi traccia della propria storia e sia possibile seguirne un processo a ritroso per evidenziare, in caso di problemi, quale ingrediente abbia provocato il rischio alimentare.

L'etichettatura degli alimenti: piccola guida per il
Consumatore

Nell'obbligo di legge (art. 18 del Regolamento 178/2002) si richiede però che l'Operatore del settore alimentare sia in condizione di risalire all'anello precedente ed a quello successivo nella filiera alimentare: di indicare il soggetto, (anche il singolo coltivatore, cacciatore o allevatore che ha fornito la materia prima: es. il raccoglitore di funghi, il pescatore, ecc.) o l'impresa da cui ha ricevuto il prodotto o l'ingrediente; e di dire a chi ha ceduto il prodotto finale. L'obbligo cessa con la cessione dell'alimento al Consumatore finale. Questo tipo di rintracciabilità obbligatoria per legge definita come "rintracciabilità esterna" all'impresa alimentare (dimmi cosa entra e chi te l'ha dato, poi dimmi cosa esce ed a chi l'hai dato) ha però il difetto di non tenere conto di ciò che accade all'interno dell'impresa alimentare (rintracciabilità interna) e di permettere quindi che in caso di rischio sanitario legato ad un ingrediente utilizzato l'Operatore del settore alimentare non sia in grado di dare risposte soddisfacenti alle Autorità. Dove hai utilizzato quel lotto di pepe sottoposto ad allerta alimentare? Se non si è in grado di rispondere a questa semplice domanda bisognerà allargare il ritiro/richiamo dei prodotti alimentari in cui l'Operatore ha usato il pepe e ciò provocherà un maggior danno economico, una figuraccia con i clienti ed un maggior impegno delle Autorità. Tutti i prodotti potenzialmente a rischio andranno ritirati e distrutti.

L'adozione di un sistema di rintracciabilità interna (non obbligatoria per legge) consente di collegare le materie prime con i prodotti e con i lotti e conseguentemente, in caso di ritiro, di contenere il quantitativo del prodotto da ritirare.

Spetta, quindi, agli operatori, sulla base delle scelte aziendali la determinazione del lotto o di altri elementi identificativi, in maniera tale da poter risalire tempestivamente ad alimenti o mangimi che condividono lo stesso rischio sanitario.

Il comma 4 dell'articolo 18 sancisce il principio generale dell'obbligatorietà di un'identificazione o etichettatura di un alimento o di un mangime, disponendo che l'identificazione o l'etichetta deve contenere elementi utili, per agevolarne la rintracciabilità, rimandando comunque le prescrizioni puntuali a quelle previste in materia dalle norme specifiche.

Ecco perché anche l'etichetta rientra nei fondamenti del sistema di allarme rapido e di rintracciabilità.

I trasportatori e coloro che effettuano lo stoccaggio di alimenti e mangimi dovranno dotarsi di una procedura autonoma di rintracciabilità, quando operano come soggetti indipendenti. Possono omettere di dotarsi di autonomi sistemi e procedure di rintracciabilità nel caso in cui operino per conto di un'azienda, che assolva essa stessa gli obblighi di rintracciabilità previsti dal regolamento ed a condizione che siano in grado di dimostrare all'autorità competente che i dati richiesti sono gestiti direttamente dall'azienda in questione e che comunque possono essere tempestivamente messi a disposizione dell'autorità che effettua il controllo.

Per quanto riguarda i magazzini e i depositi conto terzi (frigoriferi e non), i quali ricevono dal produttore o importatore la merce in confezioni singole o su pallets contenenti diverse confezioni dello stesso prodotto o di prodotti diversi e quindi non intervengono nella produzione o trasformazione dell'alimento, e che riconsegnano il prodotto ai trasportatori per altre destinazioni, in cartoni o pallets, devono, ai fini del rispetto della rintracciabilità esterna secondo quanto disciplinato dall'art. 18 del Regolamento 178/2002, registrare:

- all'entrata: quantità e natura della merce, come risulta dal documento di trasporto;
- all'uscita: quantità e natura della merce, registrando quanto risulta dal documento di trasporto.

Tutte le informazioni che riguardano la rintracciabilità devono in qualsiasi momento e su richiesta esser messe a disposizione delle Autorità e debbono essere conservate per un periodo di tempo, che indicativamente può essere:

- 3 mesi per i prodotti freschi (es. prodotti di panetteria o pasticceria, ed ortofrutticoli);
- 6 mesi successivi alla data di conservazione del prodotto deperibile, per i prodotti "da consumarsi entro il gg/mm/aa;
- 12 mesi successivi alla data di conservazione consigliata, per i prodotti "da consumarsi preferibilmente entro il mm/aa;

Ovviamente vanno conservate sia le informazioni, come anche le fonti dalle quali le stesse sono scaturite, al fine di permettere una verifica di valore oggettivo.

L'indicazione del contenuto alcolico

Il contenuto alcolico, se superiore a 1,2% in volume, deve essere indicato nel medesimo campo visivo in cui sono indicate la denominazione del prodotto ed il peso netto. Quando è presente un contenuto alcolico è vietato dare indicazioni salutistiche del prodotto alimentare. È in atto a livello di istituzioni europee una discussione sulla opportunità di rendere obbligatoria anche sulle bevande alcoliche l'etichetta nutrizionale, in cui ovviamente la voce più clamorosa sarebbe quella che indica le chilocalorie.

100 ml di vino rosso da tavola contengono 75 Kcal che per essere smaltite richiedono 20 minuti di camminata veloce.

2 bicchieri di vino rosso da 200 ml comportano un ingresso di calorie simile a quello di un piatto di pastasciutta ben condita.

Un grappino post pranzo equivale a 120 Kcal.

Chi si oppone a tale indicazione obbligatoria ormai presente su tutti i prodotti alimentari e su tutte le bevande? Ovvio che siano i produttori che temono un calo dei consumi e quindi un calo delle vendite.

La dichiarazione nutrizionale.

Tabella 1. Esempio di tabella nutrizionale

energia	kJ/kcal
Grassi	g
di cui:	
Acidi grassi saturi	g
acidi grassi monoinsaturi (facoltativo)	g
acidi grassi polinsaturi (facoltativo)	g
Carboidrati	g
di cui:	
Zuccheri	g
Polioli (facoltativo)	g
Amido (facoltativo)	g
Fibre (facoltativo)	g
Proteine	g
Sale	g
vitamine e sali minerali (facoltativo)	le unità indicate nell'allegato XIII, parte A, punto 1

La vendita a distanza di alimenti (internet)

Tutte le informazioni obbligatorie devono essere disponibili al Consumatore prima della conclusione dell'acquisto.

Numero di lotto e data di scadenza o TMC possono essere rese disponibili anche dopo l'acquisto.

La lingua dell'etichetta.

Tutte le informazioni obbligatorie sugli alimenti appaiono in una lingua facilmente comprensibile da parte dei Consumatori degli Stati membri nei quali l'alimento è commercializzato.

Sul loro territorio, gli Stati membri nei quali è commercializzato un alimento possono imporre che tali indicazioni siano fornite in una o più lingue ufficiali dell'Unione.

Non è quindi sufficiente la lingua inglese per tutti gli Stati Europei, ma in ogni Stato deve essere riportata l'etichetta nella lingua specifica.

L'utilizzo di informazioni salutistiche (Claims)

L'utilizzo di claims salutistici è condizionato da alcune regole ben definite che non ammettono molte interpretazioni e divagazioni.

La prima regola è quella che non si possono attribuire ad un prodotto alimentare proprietà farmacologiche.

Le bevande contenenti più dell'1,2 % in volume di alcol non possono recare indicazioni sulla salute.

I Flavanoli del cacao

I flavanoli del cacao aiutano a mantenere l'elasticità dei vasi sanguigni, la quale contribuisce a un normale flusso sanguigno.

Il consumatore va informato che l'effetto benefico si ottiene con l'assunzione giornaliera di 200 mg di flavanoli del cacao. L'indicazione può essere usata solo per bevande al cacao (con cacao in polvere) o per cioccolato fondente che forniscano un apporto giornaliero di almeno 200 mg di flavanoli del cacao con un grado di polimerizzazione compreso tra 1 e 10.

La gomma da masticare senza zucchero:

La gomma da masticare senza zucchero contribuisce alla neutralizzazione degli acidi della placca

Il consumatore va informato che l'effetto benefico si ottiene masticando la gomma per almeno 20 minuti dopo l'assunzione di un cibo o di una bevanda.

La gomma da masticare senza zucchero contribuisce alla neutralizzazione degli acidi della placca

Le Noci

Le noci contribuiscono al miglioramento dell'elasticità dei vasi sanguigni

Questa indicazione può essere impiegata solo per un alimento che fornisce un apporto giornaliero di 30 g di noci. L'indicazione va accompagnata dall'informazione al consumatore che l'effetto benefico si ottiene con l'assunzione giornaliera di 30 g di noci.

Le Pectine

Le pectine contribuiscono al mantenimento di livelli normali di colesterolo nel sangue

Questa indicazione può essere impiegata solo per un alimento che fornisce un apporto giornaliero di 6 g di pectine. L'indicazione va accompagnata dall'informazione al consumatore che l'effetto benefico si ottiene con l'assunzione giornaliera di 6 g di pectine.

L'assunzione di pectine durante il pasto contribuisce alla riduzione dell'aumento del glucosio ematico post-prandiale

Questa indicazione può essere impiegata solo per un alimento che contiene 10 g di pectine per porzione quantificata. L'indicazione va accompagnata dall'informazione al consumatore che l'effetto benefico si ottiene con l'assunzione di 10 g di pectine nell'ambito di un pasto.

I Polifenoli dell'olio di oliva:

I polifenoli dell'olio di oliva contribuiscono alla protezione dei lipidi ematici dallo stress ossidativo

Questa indicazione può essere impiegata solo per l'olio d'oliva che contiene almeno 5 mg di idrossitirosolo e suoi derivati (ad esempio, complesso oleuropeina e tirosolo) per 20 g di olio d'oliva. L'indicazione va accompagnata dall'informazione al consumatore che l'effetto benefico si ottiene con l'assunzione giornaliera di 20 g di olio d'oliva.

L'etichetta di alcuni alimenti

Le uova

Le uova possono essere classificate come categoria A o categoria B.

Solo quelle di categoria A possono essere vendute al Consumatore finale.

Le uova di categoria A devono avere le seguenti caratteristiche:

- guscio normale, pulito e intatto;
- camera d'aria all'interno dell'uovo non superiore a 6 mm;
- tuorlo senza contorno apparente, leggermente mobile in caso di rotazione dell'uovo;
- albume chiaro e translucido;
- non devono contenere corpi estranei o avere odori atipici;
- l'uovo non deve mostrare sviluppo del germe.

Le uova della categoria A non sono lavate o pulite né prima né dopo la classificazione e non subiscono alcun trattamento di conservazione o di refrigerazione al di sotto di 5 °C.

Le uova della categoria A sono classificate in base al peso:

XL - maggiore di 72 g,

L - da 63 a 72 g,

M - da 53 a 62 g,

S - peso inferiore a 53 g.

L'etichettatura degli alimenti: piccola guida per il
Consumatore

Le uova di categoria A devono essere classificate, stampigliate e imballate **entro dieci giorni dalla data di deposizione.**

Le diciture uova «extra» o «extra fresche» possono essere utilizzate come indicazione supplementare della qualità delle uova **fino al nono giorno dalla data di deposizione.**

L'imballaggio di trasporto delle uova deve riportare:

– il nome e l'indirizzo del produttore,

– il codice del produttore,

– il numero di uova e/o il relativo peso,

– la data o il periodo di deposizione,

– la data di spedizione.

Gli imballaggi contenenti uova devono essere stampigliati anche con il metodo di allevamento utilizzato e il **termine minimo di conservazione non superiore al ventottesimo giorno** successivo alla data di deposizione.

Le uova possono essere etichettate come:

– uova da allevamento con metodi biologici codice 0 (zero). È il primo numero stampigliato sull'uovo;

– uova da allevamento all'aperto codice 1 (uno);

– uova da allevamento a terra codice 2 (due);

– uova da allevamento in gabbie codice 3 (tre).

Le galline in allevamento con metodi biologici devono avere un accesso continuo a spazi all'aperto con vegetazione coltivata con metodi biologici.

Le galline in allevamento all'aperto devono avere un accesso continuo a spazi all'aperto; tuttavia il produttore può restringere l'accesso nel corso della mattinata, conformemente alle buone pratiche agricole.

Gli spazi all'aperto devono essere coperti prevalentemente di vegetazione e possono essere utilizzati solo come frutteto, bosco o pascolo.

La densità massima di carico degli spazi all'aperto non deve mai superare 2500 galline per ettaro di terreno disponibile, oppure una gallina per 4 m².

La dicitura "uova da galline in gabbia" indica che le galline vengono tenute in gabbie attrezzate, perché l'allevamento in gabbie in batteria è vietato nell'UE dal 2012.

Le carni

Le carni bovine

La normativa europea base rimane il Regolamento CE 1760/2000 che obbliga ciascuno Stato membro ad attivare ed implementare un sistema di identificazione e registrazione dei bovini. Ogni Paese deve istituire una banca dati (anagrafe zootecnica) che contenga i dati di tutti i bovini ed i loro spostamenti. La norma nasce in pieno scandalo BSE ed ha come obiettivo generale quello di eliminare le malattie e rendere possibile la tracciatura delle carni bovine lungo tutta la catena alimentare.

Ogni animale deve disporre di un marchio apposto su ciascun orecchio che consenta l'identificazione e la determinazione del luogo di nascita.

Viene rilasciato un passaporto per ciascun animale entro due settimane dalla nascita o dall'importazione. Tale documento accompagna l'animale durante i trasferimenti e viene restituito al momento del decesso.

Tutti gli allevatori devono tenere un registro aggiornato indicando tutte le nascite, i decessi e gli spostamenti dei bovini per le autorità competenti, entro un intervallo di tempo compreso tra tre e sette giorni dall'evento. Tali registrazioni devono restare disponibili fino a tre anni.

Le etichette apposte su tutte le carni bovine in vendita nell'UE devono contenere un codice di riferimento che consenta di identificare l'origine e di conoscere i dettagli relativi al luogo in cui l'animale è stato abbattuto e macellato.

Riassumendo quindi le indicazioni obbligatorie in etichetta riguarderanno:

Luogo di nascita, luogo di allevamento, luogo di macellazione, luogo di sezionamento, numero dell'animale o in alternativa numero di lotto degli animali macellati in quella seduta.

Sono invece facoltative le informazioni di età, sesso, categoria del bovino adulto (vitellone, scottona, etc.), regione di allevamento del bovino, periodo di allevamento in Italia, etc.

Per quanto riguarda l'utilizzo dei termini "vitello" e "vitellone":

– Categoria V, bovini di età inferiore a otto mesi (vitello)

– Categoria Z, bovini di età pari o superiore a otto mesi, ma inferiore a dodici mesi (vitellone).

Le carni degli altri animali

L'etichettatura delle carni destinate al consumatore finale o ad una collettività, contiene le seguenti indicazioni:

– il nome dello Stato membro o del paese terzo in cui ha avuto luogo l'allevamento indicato come «Allevato in: (nome dello Stato membro o del paese terzo)», conformemente ai criteri seguenti:

Per la specie suina:

– nel caso in cui l'animale abbattuto sia di età superiore a sei mesi, il nome dello Stato membro o del paese terzo in cui si è svolto l'ultimo periodo di allevamento di almeno quattro mesi;

– nel caso in cui l'animale abbattuto sia di età inferiore a sei mesi e con un peso a vivo di almeno 80 kg, il nome dello Stato membro o del paese terzo in cui si è svolto l'allevamento dopo che l'animale ha raggiunto i 30 kg;

– nel caso in cui l'animale abbattuto sia di età inferiore a sei mesi e con un peso a vivo inferiore a 80 kg, il nome dello Stato membro o del paese terzo in cui ha avuto luogo l'intero periodo di allevamento.

Per la specie ovina e caprina:
– il nome dello Stato membro o del paese terzo in cui si è svolto l'ultimo periodo di allevamento di almeno sei mesi, o,
– nel caso in cui l'animale abbattuto sia di età inferiore a sei mesi, dello Stato membro o del paese terzo in cui ha avuto luogo l'intero periodo di allevamento.

Per i volatili:
– il nome dello Stato membro o del paese terzo in cui si è svolto l'ultimo periodo di allevamento di almeno un mese, o,
– nel caso in cui l'animale abbattuto sia di età inferiore a un mese, dello Stato membro o del paese terzo in cui ha avuto luogo l'intero periodo di allevamento dopo che l'animale è stato immesso all'ingrasso.

Il nome dello Stato membro o del paese terzo in cui ha avuto luogo la macellazione indicato come "Macellato in: (nome dello Stato membro o del paese terzo)".

Il codice della partita che identifica le carni fornite al consumatore o alla collettività.

Qualora il periodo di allevamento non sia stato raggiunto in nessuno degli Stati membri né dei paesi terzi in cui l'animale è stato allevato, l'indicazione di cui alla lettera a) è sostituita da "Allevato in: vari Stati membri dell'UE" o, nel caso in cui le carni o gli animali siano stati importati nell'Unione, da "Allevati in: vari paesi extra UE" o "Allevati in: vari paesi dell'UE e paesi extra UE".

Deroghe per le carni macinate e le rifilature

Per quanto riguarda le carni macinate e le rifilature, possono essere utilizzate le seguenti indicazioni:
- "Origine: UE", qualora le carni macinate o le rifilature siano prodotte esclusivamente con carni ottenute da animali nati, allevati e macellati in più Stati membri.
- "Allevato e macellato in: UE", qualora le carni macinate o le rifilature siano prodotte esclusivamente con carni ottenute da animali allevati e macellati in più Stati membri.
- "Allevato e macellato in: non UE", qualora le carni macinate o le rifilature siano prodotte esclusivamente con carni importate nell'Unione.
- "Allevato in: non UE" e "Macellato in: UE" qualora le carni macinate o le rifilature siano prodotte esclusivamente con carni ottenute da animali importati nell'Unione come animali da macello e macellati in uno o più Stati membri.
- "Allevato e macellato in: UE e non UE" qualora le carni macinate o le rifilature siano prodotte con: i) carni ottenute da animali allevati e macellati in uno o più Stati membri e da carni importate nell'Unione; o, ii) carni ottenute da animali importati nell'Unione e macellati in uno o più Stati membri.

I salumi

I salumi hanno una caratteristica particolare da cui prendono il nome: si conservano tramite l'utilizzo di sale. Si possono distinguere in base al trattamento che subiscono le carni utilizzate in:

- salumi ottenuti da un pezzo anatomico intero (prosciutto, coppa, pancetta, ecc.) e
- salumi ottenuti per macinazione della carne (salame, wurstel, mortadella, ecc.).

Anche il trattamento che subiscono li distingue gli uni dagli altri (prosciutto crudo e cotto, salumi affumicati e non affumicati).

Anche i salumi a carne trita possono essere crudi o cotti, fermentati (salame) oppure no (mortadella, wurstel, cotechino, salamella). Tutti hanno poi la caratteristica di essere insaccati in budelli naturali o sintetici. Riguardo agli obblighi sulla etichettatura i prodotti confezionati (preimballati) dovranno rispettare le regole sull'etichettatura dettate dal regolamento UE 1169/2011:

- Denominazione legale;
- Ingredienti in ordine decrescente ed evidenziazione di eventuali allergeni con carattere diverso;
- Quantità netta;
- Termine minimo di conservazione o data di scadenza;
- Numero di lotto;
- Bollo CEE che identifica lo stabilimento produttore;
- Marchi DOP, IGP o Bio;
- Istruzione di conservazione e impiego;
- Paese di Origine del prodotto e dell'ingrediente principale se proveniente da altro Stato.

Per i prodotti non confezionati (non preimballati), ma da considerare sfusi si fa invece riferimento alla normativa nazionale che in Italia prevede l'indicazione di:

- ➤ denominazione di vendita;
- ➤ elenco degli ingredienti;
- ➤ nome, ragione sociale o marchio depositato e la sede del produttore-confezionatore-venditore stabilito nell'UE;
- ➤ lotto di appartenenza del prodotto.

Nella produzione dei salumi vengono utilizzati come conservanti ed esaltatori di sapore anche nitriti e nitrati. Poiché su tali additivi è in atto da anni una campagna di informazione denigratoria che li vede accusati di indurre il cancro, occorre ricondurre le informazioni a comunicazioni scientifiche affidabili per la fonte che le ha espresse. L'Autorità Europea per la Sicurezza Alimentare (EFSA) con sede a Parma ha stimato un rischio trascurabile per l'assunzione di queste sostanze con il consumo di salumi andando a calcolare la dose media di ingestione giornaliera. Queste sostanze sono anche evidenziate in etichetta con lettera E seguita da un numero che per quanto riguarda i nitriti sotto forma di sali di sodio e potassio dei nitriti è rappresentato da E249 ed E250, mentre per i nitrati è E251 ed E252.

La continua richiesta del Consumatore di avere "prodotti naturali" ha indotto negli anni alcuni produttori di salumi a comportamenti errati e fuorvianti.

Alcuni Produttori hanno infatti sostituito nella etichetta la corretta dizione di additivi: nitrati e nitriti con quella generica di "estratti vegetali". Alcuni prodotti vegetali contengono infatti dosi elevate di nitrati (rosmarino, sedano, spinaci, lattuga) che se posti a contatto con adatta flora batterica fermentativa si trasformano in nitriti.

Nei salumi così prodotti vi sarebbe dunque la presenza di nitriti e nitrati non dichiarati in etichetta. Chi vanta in etichetta l'assenza di conservanti "artificiali" pur avendo volontariamente utilizzati prodotti naturali che svolgono il medesimo ruolo fornisce quindi una falsa informazione al Consumatore ed espone a rischio le categorie di persone sensibili o intolleranti a tali sostanze. Il Legislatore ha posto rimedio a tale escamotage con il Decreto ministeriale 26 maggio 2016, che modifica il Decreto ministeriale 21 settembre 2005 cosiddetto "decreto salumi"). La normativa chiarisce infatti che l'uso di questi estratti vegetali finalizzato alla conservabilità ed alla esaltazione del sapore è da ritenersi impiego a tutti gli effetti di un additivo alimentare che come tale deve essere indicato con il suo nome e con la sigla identificativa E …. Quindi chi aggiunge nitriti e nitrati anche di origine naturale deve darne indicazione nell'etichetta. Non è neppure consentito scrivere "assenza di conservanti".

Anche in Germania un produttore è stato condannato perché nella produzione di prosciutto cotto sostitutiva il nitrito "sintetico" con una miscela di vegetali e concentrati di succo di vegetali messi a fermentare con appositi batteri che trasformavano i nitrati presenti in nitriti. Ciò che conta dunque è esprimere in modo chiaro il nome dell'additivo volontariamente introdotto nell'alimento qualsiasi sia la sua origine sintetica o naturale.

L'etichetta del salame

Il salame è definito come prodotto di salumeria, costituito da carni ottenute dalla muscolatura striata, con aggiunta di sale ed altri ingredienti, macinate, miscelate con grasso suino in proporzioni variabili ed insaccate in budello naturale o artificiale. I budelli possono essere trattati con colture microbiche, farine di cereali, amidi, oli e sostanze grasse alimentari. Il budello, pertanto, è per legge parte necessaria del processo produttivo. Il salame può essere commercializzato sfuso o confezionato (sottovuoto o in atmosfera protettiva), intero, in tranci, affettato o comunque porzionato.

Se il salame non è confezionato sottovuoto o in atmosfera protettiva, per definizione normativa, è un prodotto sfuso. Pertanto ad esso sarà applicabile l'art. 16 del decreto legislativo 109/1992, che prevede un'etichettatura "semplificata", rispetto a quanto invece prescrive il Regolamento UE 1169/2011, per i prodotti preimballati (confezionati). L'art. 16 infatti, richiede di riportare nelle fasi precedenti la vendita al consumatore, anche soltanto su documenti commerciali:

> - denominazione di vendita;
> - elenco degli ingredienti;
> - nome, ragione sociale o marchio depositato e la sede del produttore-confezionatore-venditore stabilito nell'UE;
> - lotto di appartenenza del prodotto.

Le 3 DOP Piacentine

La Provincia di Piacenza è l'unica italiana ad avere ben 3 DOP nella produzione di salumi.

La Coppa Piacentina

La Denominazione d'Origine protetta "Coppa Piacentina" è riservata al prodotto di salumeria che risponde alle condizioni e ai requisiti stabiliti nel disciplinare della DOP. Gli allevamenti dei suini destinati alla produzione della Coppa Piacentina debbono essere situati nel territorio delle Regioni Lombardia ed Emilia Romagna. I suini nati, allevati e macellati nelle suddette regioni hanno le medesime caratteristiche dei suini utilizzati nella produzione dei prosciutti crudi a denominazione di origine di Parma e San Daniele. I suini in particolare devono avere la caratteristica riconosciuta al suino pesante italiano (peso di 160 kg, più o meno 10% ed età non inferiore ai nove mesi. Le carni utilizzate sono quindi più mature. La zona di produzione della Coppa Piacentina comprende l'intero territorio della provincia di Piacenza, limitatamente alle aree ad altitudine inferiore ai 900 metri s.l.m.. La Coppa Piacentina è prodotta utilizzando i muscoli cervicali perfettamente   dissanguati. Il processo di produzione inizia con la salagione a secco che consiste nel mettere a contatto con le carni con una miscela   di   sali   ed   aromi   naturali. Le coppe salate sostano poi in frigorifero per almeno 7 gg. In questo periodo sono sottoposte al trattamento di "massaggiatura" manuale e successivamente sono rivestite con diaframma parietale suino.

Infine si procede alla tradizionale legatura con spago ed alla foratura dell'involucro.
seguono poi la fase di asciugatura e quella di stagionatura che deve avere durata di almeno 6 mesi. La Coppa Piacentina all'atto della immissione al consumo presenta le seguenti caratteristiche organolettiche e chimico-fisiche e microbiologiche.
La Coppa Piacentina in vendita deve avere peso non inferiore a 1,5 kg.

La Pancetta Piacentina

Gli allevamenti di origine, i suini allevati, la zona di produzione e di stagionatura devono avere le stesse caratteristiche previste per la produzione della Coppa Piacentina. Per la produzione della Pancetta Piacentina si utilizza la parte centrale del grasso di copertura della mezzena che va dalla regione retro sternale a quella inguinale, comprendendo la sola parte laterale delle mammelle.
La fase di stagionatura deve protrarsi per un periodo non inferiore a quattro mesi dalla data di salatura.

Il Salame Piacentino

Gli allevamenti di origine, i suini allevati, la zona di produzione e di stagionatura devono avere le stesse caratteristiche previste per la produzione della Coppa Piacentina. Le carni suine magre e le parti grasse, sono ridotte in pezzettini e successivamente passati al tritacarne con stampo a fori larghi superiori a 10 mm di diametro.
La pasta di salame così ottenuta viene poi condita a secco con cloruro di sodio (sale da cucina) nitrato di potassio

(E252), pepe nero o bianco in grani o spezzato, infuso di aglio e vino, zuccheri, sodio L-ascorbato (E301), anche conosciuto come Vitamina C. La stagionatura dei Salami Piacentini avviene in ambienti aventi una temperatura compresa tra 12 e 19 °C ed una umidità relativa di 70-90 % per un periodo non inferiore a 45 giorni dalla data di salatura.

Il prosciutto cotto

Il prosciutto cotto è probabilmente il salume più acquistato in tutto il mondo. Quando si parla di prosciutto cotto è necessario distinguerlo in 3 diverse qualità:

1. prosciutto cotto con umidità dell'82% ottenuto da alcune parti della coscia di maiale assemblate tra di loro. Nell'elenco degli ingredienti troviamo acqua e polifosfati aggiunti o proteine della soia o del latte, tutti aggiunti con lo scopo di trattenere l'acqua;

2. prosciutto cotto scelto con umidità sino a 79,5%. Sono chiaramente identificabili 3 dei quattro muscoli che costituiscono la coscia del suino che è stata disossata. Viene anch'esso trattato con polifosfati, proteine del latte e della soia con lo scopo di fargli trattenere l'acqua;

3. prosciutto cotto di alta qualità con umidità inferiore a 76,5%. Sono chiaramente identificabili 3 dei quattro muscoli che costituiscono la coscia del suino che è stata disossata. Non vengono aggiunti polifosfati, proteine del latte e della soia con lo scopo di fargli trattenere l'acqua. L'aspetto è più asciutto rispetto agli altri.

Il Prosciutto di Parma

L'apposizione del contrassegno "corona ducale" è l'ultimo elemento, in ordine cronologico, identificativo e qualificativo del prodotto tutelato; esso infatti può essere apposto solo su prosciutti che rechino il sigillo metallico "CPP" apposto all'inizio della lavorazione. Tale sigillo è elemento indispensabile per il computo del periodo minimo di stagionatura e, inoltre, equivale alla data di produzione ai sensi delle vigenti leggi nazionali in materia di vigilanza sanitaria delle carni. Infine, il primo elemento che certifica la provenienza delle cosce da allevamenti che seguono le prescrizioni produttive e ne riconosce le caratteristiche qualitative, è un timbro indelebile apposto a caldo dal macello costituito da una base comune recante la sigla "PP" e da una sigla alfa-numerica identificativa di ogni macello abilitato.

Il disciplinare di produzione approvato dalla Unione Europea prevede:

- per il prosciutto di Parma intero con osso: la dicitura "prosciutto di Parma – denominazione di origine protetta", la sede dello stabilimento di produzione;

- per il prosciutto di Parma confezionato intero o presentato in tranci: la dicitura "prosciutto di Parma – denominazione di origine protetta", la sede dello stabilimento di confezionamento, la data di produzione, qualora il sigillo non risulti più visibile;

- per il prosciutto di Parma affettato e preconfezionato: le confezioni presentano una parte comune posizionata al vertice sinistro superiore della confezione, rispondente a tutte le

caratteristiche e le condizioni specificamente previste dalla Direttiva Affettamento e comunque riportante il contrassegno "corona ducale" e le diciture: * prosciutto di Parma denominazione di origine protetta ai sensi della Legge 13 febbraio 1990 n° 26 e del Regolamento (CEE) n.1107 del 12.06.96; * confezionato sotto il controllo dell'Organismo autorizzato, la sede del laboratorio di confezionamento, la data di produzione (inizio stagionatura).
E' vietata l'utilizzazione di qualificativi quali, "classico", "autentico", "extra", "super", e di altre qualificazioni, menzioni ed attribuzioni abbinate alla denominazione di vendita, ad esclusione di "disossato" ed "affettato".

I prodotti della pesca

Per prodotti della pesca si intendono: tutti gli animali marini o di acqua dolce (ad eccezione dei molluschi bivalvi vivi, echinodermi vivi, tunicati vivi e gasteropodi marini vivi e di tutti i mammiferi, rettili e rane), selvatici o di allevamento, e tutte le forme, parti e prodotti commestibili di tali animali;

Non sono considerati prodotti della pesca, ma entrano in un capitolo a parte i molluschi bivalvi.

Per la legislazione italiana non sono commestibili i mammiferi marini.

Nell'etichetta devono comparire:

- la denominazione commerciale della specie e il suo nome scientifico;
- il metodo di produzione, in particolare mediante i termini "...pescato..." o "...pescato in acque dolci..." o "...allevato...",
- la zona in cui il prodotto è stato catturato o allevato e la categoria di attrezzi da pesca usati nella cattura di pesci;
- se il prodotto è stato scongelato;
- la data di scadenza o il TMC.

Il Latte

Con il termine generico di "latte" si intende il prodotto ottenuto dalla mungitura delle vacche.

Se viene ottenuto da altre specie animali, è obbligatorio specificarlo in etichetta (latte di pecora, latte di capra, ecc.).

Con il termine di "latte crudo" si intende il latte di animali di allevamento che non è stato riscaldato a più di 40°C e non è stato sottoposto ad alcun trattamento avente un effetto equivalente.

Con il termine "prodotti lattiero-caseari" si intendono invece i prodotti trasformati, risultanti dalla lavorazione del latte.

Il latte commercializzato viene classificato in base alle proprietà nutrizionali ed in base ai trattamenti chimico-fisici che subisce.

Per poter effettuare acquisti consapevoli occorre conoscere la classificazione del latte in base alle proprietà nutrizionali e ai trattamenti chimico-fisici che subisce.

- Latte intero: il tenore in materia grassa è uguale o superiore a 3,5% (tenore in proteine di circa 28 gr/l);
- Latte intero Alta Qualità: il tenore in materia grassa è uguale o superiore a 3,5% e il contenuto in proteine è uguale o superiore a 32 g/litro. Deve rispettare inoltre i requisiti produttivi e igienico sanitari previsti dal Decreto Ministeriale 185/1991.
- Latte parzialmente scremato: il tenore in materia grassa è compreso tra 1,5% e 1,8%;
- Latte scremato: il tenore in materia grassa non è superiore a 0,3%;
- Latte pastorizzato (latte fresco pastorizzato e latte fresco pastorizzato di alta qualità): il latte che ha subito un trattamento termico che comporti il passaggio del

prodotto a 72 °C per 15 secondi o altro metodo analogo. Tale trattamento garantisce l'eliminazione dei germi patogeni e una riduzione della flora batterica. Modifica leggermente le caratteristiche organolettiche e nutrizionali del latte e il contenuto in batteri lattici, i batteri "buoni" che sono naturalmente presenti. Questo trattamento è previsto nell'art. 5 della L. 169/1989 e inizialmente prevedeva una scadenza fissata a 4 giorni oltre a quello di confezionamento. Con l'entrata in vigore del Decreto 231/2017 la scadenza viene fissata dal produttore sino ad un massimo di 6 giorni.

— Latte microfiltrato: il latte è trattato termicamente e sottoposto ad un ulteriore procedimento di microfiltrazione tramite passaggio su filtri che hanno la funzione di trattenere i microrganismi.

— Latte trattato a temperatura ultraalta (UHT): il latte viene portato ad una temperatura di circa 135°C per pochi secondi, immediatamente raffreddato e confezionato in modo asettico. Tale trattamento termico permette una riduzione della flora microbica e un allungamento della vita commerciale fino a tre mesi. Il latte viene immesso sul mercato come "latte UHT a lunga conservazione" e può essere conservato a temperatura ambiente. Una volta aperta la confezione è necessario conservarlo in frigorifero e consumarlo entro pochi giorni.

— Latte sterilizzato: il latte sottoposto ad un trattamento termico di 120°C per 20 minuti. Con tale trattamento si eliminano tutti i microrganismi e le spore batteriche. Sia per il latte UHT sia per quello sterilizzato le scadenze originariamente previste dalla L. 169/1989 rispettivamente a 90 e 180 giorni sono state liberalizzate e demandate al produttore.

— Latte delattosato: latte senza lattosio,

- Latte desodato: latte senza sodio
- Latte arricchito: con l'aggiunta di vitamine e altre sostanze.

L'etichetta delle confezioni di latte deve riportare: la denominazione di vendita, ovvero la dicitura della tipologia di latte a seconda del trattamento termico che ha subito e del tenore in materia grassa:

- il nome o la ragione sociale o il marchio depositato e la sede o del fabbricante o del confezionatore o di un venditore stabilito nella Comunità europea;
- la data del trattamento;
- le modalità di conservazione, ovvero la temperatura alla quale deve essere conservato; tale dicitura è obbligatoria per il latte fresco e facoltativa per il latte a lunga conservazione;
- la data di scadenza o il termine minimo di conservazione: la data di scadenza è espressa con la dicitura "da consumarsi entro..." seguita da giorno e mese ed eventualmente l'anno. Per il latte fresco pastorizzato e per quello fresco pastorizzato di alta qualità tale termine non può superare il sesto giorno successivo a quello della pastorizzazione, mentre per il latte microfiltrato il termine massimo è dieci giorni. Per il latte a lunga conservazione (sterilizzato e UHT) la data di scadenza è sostituita dal termine minimo di conservazione (TMC), indicato con la dicitura "da consumarsi preferibilmente entro...". Il TMC per il latte sterilizzato è pari a 180 giorni e per il latte UHT è pari a 90 giorni a partire dalla data di confezionamento;
- la quantità netta, ovvero il contenuto della confezione (es. 500 ml);
- A differenza degli altri prodotti alimentari, l'etichetta del latte non deve riportare obbligatoriamente l'elenco

degli ingredienti presenti nel prodotto purché non siano stati aggiunti altri ingredienti diversi dai costituenti propri del latte.

- l'indicazione della provenienza del latte o della zona di mungitura nel caso sia possibile risalire agli allevamenti di produzione.
- Paese di mungitura: nome del paese nel quale è stato munto il latte;
- Paese di condizionamento: nome della nazione nella quale il latte è stato condizionato;
- Paese di trasformazione: nome della nazione nella quale il latte è stato trasformato.
- Nel caso in cui le tre operazioni – mungitura, condizionamento e trasformazione – avvengano nello stesso paese, in etichetta troveremo un'unica indicazione:
- Origine del latte: nome del paese.

Se invece le operazioni indicate avvengono in più paesi appartenenti all'Unione Europea troveremo i seguenti riferimenti:
- Miscela di latte di Paesi UE (riferito alla mungitura);
- Latte condizionato in Paesi UE (riferito al condizionamento),
- Latte trasformato in Paesi UE (riferito alla trasformazione).

Il latte crudo

Da alcuni anni la legislazione italiana permette la vendita di latte crudo in modo diretto, dal produttore al consumatore, nella azienda agricola di produzione o tramite distributori automatici sul territorio, gestiti dagli allevatori.

Il latte crudo deve essere consumato "previa bollitura" secondo l'Ordinanza Ministeriale del 14/01/2009. Questa obbligatorietà è stata ribadita con il Decreto del Ministero della Salute 12/12/2012.

Il produttore deve riportare in maniera chiara e visibile sul frontale del distributore automatico, in rosso e con caratteri di almeno 4 centimetri, la dicitura:

prodotto da consumarsi previa bollitura.

È inoltre necessario indicare in maniera chiara e visibile la data di mungitura del latte, la data di rifornimento del distributore e la data di scadenza del prodotto, che non deve superare i tre giorni dalla data di mungitura.

L'Olio di oliva

Nella denominazione di vendita possono essere utilizzate:

«Olio Extra Vergine di Oliva»

«Olio di Oliva Vergine»

«Olio di Oliva – Composto di Oli di Oliva Raffinati e Oli di Oliva Vergini»

«Olio di Sansa di Oliva»

L'origine dell'olio è determinata da due componenti e cioè dal Paese in cui le olive sono state raccolte e dal Paese in cui è situato il frantoio che le ha molite. Quindi, quando la designazione dell'origine indica uno Stato membro o l'Unione europea significa che entrambe le fasi (raccolta delle olive e la successiva molitura) sono avvenute in quello Stato membro dichiarato o nell'Unione europea.

Ad esempio, dire che un olio è **"italiano"** significa dichiarare che le olive sono state raccolte in Italia e la loro molitura è avvenuta in Italia.

Se invece la dichiarazione è **"dell'Unione europea"** significa dichiarare che le olive sono state raccolte nell'Unione europea e la loro molitura è avvenuta nell'Unione europea. L'indicazione dell'origine è sempre obbligatoria per l'«olio extra vergine di oliva» e per l'«olio di oliva vergine».

Le designazioni dell'origine riportabili possono essere:

- nel caso di oli di oliva originari di uno Stato membro o di un paese terzo, un riferimento allo Stato membro, all'Unione o al paese terzo (es. prodotto italiano, spagnolo, etc);

- nel caso di miscele di oli di oliva originari di più di uno Stato membro o paese terzo, una delle seguenti diciture:

  - «miscela di oli di oliva originari dell'Unione europea» oppure un riferimento all'Unione;

  - «miscela di oli di oliva non originari dell'Unione europea» oppure un riferimento all'origine esterna all'Unione;

  - «miscela di oli di oliva originari dell'Unione europea e non originari dell'Unione» oppure un riferimento all'origine interna ed esterna all'Unione,

- una denominazione di origine protetta (DOP) o un'indicazione geografica protetta (IGP) ai sensi del Reg. (UE) n. 1151/2012, in conformità alle disposizioni del relativo disciplinare di produzione;

- «Olio (extra) vergine di oliva ottenuto (nell'Unione o in denominazione dello Stato membro interessato) da olive raccolte (nell'Unione o in denominazione dello Stato membro o del paese terzo interessato)» quando le olive siano state raccolte in uno Stato membro o un paese terzo diverso da quello in cui è situato il frantoio nel quale è stato estratto l'olio (Esempio "Olio extra vergine di oliva ottenuto in Italia da olive raccolte in Tunisia").

Le informazioni sulla categoria di olio che possono essere utilizzate sono le seguenti:

- per l'olio extra vergine di oliva:
  - «olio d'oliva di categoria superiore ottenuto direttamente dalle olive e unicamente mediante procedimenti meccanici»;
- per l'olio di oliva vergine:
  - «olio d'oliva ottenuto direttamente dalle olive e unicamente mediante procedimenti meccanici»;
- per l'olio di oliva - composto di oli di oliva raffinati e oli di oliva vergini:
  - «olio contenente esclusivamente oli d'oliva che hanno subito un processo di raffinazione e oli ottenuti direttamente dalle olive»;
- per l'olio di sansa di oliva:
  - «olio contenente esclusivamente oli derivati dalla lavorazione del prodotto ottenuto dopo l'estrazione dell'olio d'oliva e oli ottenuti direttamente dalle olive»; oppure
  - «olio contenente esclusivamente oli provenienti dal trattamento della sansa di oliva e oli ottenuti direttamente dalle olive».

L'olio extra vergine di oliva e l'olio di oliva vergine possono riportare le seguenti diciture:

- «prima spremitura a freddo» se gli oli sono ottenuti a meno di 27 °C con un sistema di estrazione di tipo tradizionale con presse idrauliche;
- «estratto a freddo» se gli oli sono ottenuti a meno di 27 °C con un processo di percolazione o centrifugazione della pasta d'olive.

Le diciture «prodotto a freddo» e «ottenuto a freddo» possono essere utilizzate a condizione che l'olio sia stato ottenuto a temperatura <27°C. Tali riferimenti, per poter essere utilizzati in etichetta, devono essere attestati dalla documentazione commerciale emessa dal fornitore del prodotto (ad esempio se un confezionatore vuole etichettare una partita di olio con la dicitura "estratto a freddo", tale dicitura deve essere presente nella documentazione commerciale di acquisto dell'olio sfuso utilizzato allo scopo).

È possibile riportare in etichetta dell'«olio extra vergine di oliva» o dell'«olio di oliva vergine» le caratteristiche organolettiche relative al gusto e/o all'odore. Devono essere utilizzati i termini "intenso" e "leggero" al posto di "robusto" e di "delicato".

L'«olio extra vergine di oliva», l'«olio di oliva vergine, l'«olio di oliva - composto di oli di oliva raffinati e oli di oliva vergini» e l'«olio di sansa di oliva» devono essere presentati al consumatore finale in recipienti chiusi della capacità massima di 5 litri, provvisti di un sistema di chiusura che perde la sua integrità dopo la prima utilizzazione e forniti di un'etichetta conforme alle disposizioni vigenti. È vietata la vendita di olio allo stato sfuso al consumatore finale.

Rientra in tale tipo di vendita anche quella che avviene con la modalità "bag in box" e, in generale, con i sistemi "alla spina".

Nei Ristoranti e nelle mense la fornitura di «olio extra vergine di oliva», di «olio di oliva vergine, di «olio di oliva - composto di oli di oliva raffinati e oli di oliva vergini» e di «olio di sansa di oliva» olio, deve avvenire esclusivamente con confezioni etichettate conformemente alla normativa vigente e dotate di un sistema di chiusura che perde la sua integrità dopo la prima utilizzazione.

Non è possibile acquistare olio allo stato sfuso. Per quanto riguarda la capacità delle confezioni, queste potranno essere al massimo di 25 litri tenendo presente, però, che solo quelle di capacità fino a 5 litri possono essere messe a disposizione dei clienti mentre quelle di capacità superiore devono essere utilizzate esclusivamente in cucina per la preparazione dei pasti.

Inoltre, qualora al cliente venga messo a disposizione un «olio extra vergine di oliva» o un «olio di oliva vergine», oltre a quanto detto, le confezioni devono essere fornite anche di tappo «anti rabbocco».

Olio DOP e IGP

- ➤ Denominazione di vendita
- ➤ Categoria di olio
- ➤ Nome e della Dop/Igp, senza bisogno ulteriore di indicare l'origine
- ➤ Logo comunitario
- ➤ Produttore
- ➤ Stabilimento (se diverso dalla sede legale)
- ➤ Termine minimo di conservazione
- ➤ Lotto
- ➤ Quantità Netta (in: litri, oppure decilitri, oppure millilitri)
- ➤ Modalità conservazione (facoltativa)

Olio 100% Italiano

- ➤ Denominazione di vendita
- ➤ Categoria di olio
- ➤ Origine
- ➤ Produttore
- ➤ Stabilimento (se diverso dalla sede legale)
- ➤ Termine minimo di conservazione
- ➤ Lotto

- Quantità Netta (in: litri, oppure decilitri, oppure millilitri)
- Modalità conservazione (facoltativa)

Olio biologico

- Denominazione di vendita
- Categoria di olio
- Logo biologico a norma. Se il prodotto è 100% italiano si può in alternativa alla ordinaria indicazione "agricoltura UE" segnalare "agricoltura ITALIA". Tale indicazione va posta in prossimità del logo e in carattere pari (colore, dimensione) a quello della denominazione di vendita
- Produttore
- Stabilimento (se diverso dalla sede legale)
- Termine minimo di conservazione
- Lotto
- Quantità Netta (in: litri, oppure decilitri, oppure millilitri)
- Codice identificativo e organismo di controllo
- Modalità conservazione (facoltativa)

L'acidità massima

L'acidità da indicare in etichetta non dovrà essere quella rilevata in fase iniziale, all'atto dell'imbottigliamento, bensì quella misurata allo scadere del termine minimo di conservazione.

L'indicazione dell'acidità massima, inoltre, dovrà venire accompagnata dai valori relativi all'indice dei perossidi, al tenore in cere e all'assorbimento nell'ultravioletto. Valori riferiti alle caratteristiche del prodotto allo scadere del termine minimo di conservazione.

Le condizioni particolari di conservazione venire riportate anche sull'imballo esterno, cioè l'unità logistica (cartone e/o plastica termoretraibile) che contiene le singole unità di vendita.

La campagna di raccolta

La campagna di raccolta delle olive, secondo quanto previsto dal Regolamento UE 2018/1096, deve venire indicata in etichetta riferendo, alternativamente, a:

- campagna di commercializzazione. Vale a dire, dall'1° luglio dell'anno di raccolta al 30 giugno dell'anno successivo,
- mese e anno della raccolta, considerando il mese di estrazione dell'olio dalle olive.

Gli Stati membri possono imporre l'indicazione della campagna di raccolta sulle etichette dei soli oli prodotti sui loro territori a partire da olive ivi raccolte e destinati esclusivamente al mercato nazionale.

Il Pane

È il prodotto ottenuto dalla cottura totale o parziale di una pasta convenientemente lievitata, preparata con sfarinati di grano, acqua e lievito, con o senza aggiunta di sale (cloruro di sodio)

A seconda dello sfarinato impiegato sono previste le seguenti denominazioni di vendita:

Sfarinato impiegato	Denominazione di vendita
grano tenero tipo 00	pane di tipo 00
grano tenero tipo 0	pane di tipo 0
grano tenero tipo 1	pane di tipo 1
grano tenero tipo 2	pane di tipo 2
grano integrale	pane di tipo integrale
semola di grano duro	pane di semola
semolato di grano duro	pane di semolato
rimacine di semola	pane di semola rimacinata
rimacine di semolato	pane di semolato rimacinato

Nei locali di vendita, i vari tipi di pane sfuso devono essere collocati in scomparti o recipienti separati, recanti un cartellino con l'indicazione del tipo di pane e del relativo prezzo.

Con il Decreto 1° ottobre 2018 n. 131 la normativa nazionale ha subito una importante modifica che riguarda il **pane fresco**: che può essere solo quello preparato secondo un processo di preparazione continuo che inizia con la lavorazione della farina e termina con la messa in vendita al consumatore finale in un periodo non superiore alle 72 ore. Non possono inoltre essere aggiunti additivi o utilizzati altri trattamenti conservanti. In caso contrario l'etichetta dovrà contenere la scritta 'conservato' o a 'durabilità prolungata'.

L'indicazione del termine minimo di conservazione non debba essere necessariamente indicato per il pane fresco, in quanto esso rientra tra i prodotti della pasticceria e della panetteria destinati ad essere consumati normalmente entro le 24 ore successive alla fabbricazione.

Nella produzione del pane è consentito l'impiego di estratti di malto, farine di cereali maltati, farine alfa e beta amilasi, zuccheri. Inoltre, è possibile aggiungere altre sostanze, quali enzimi naturalmente presenti negli sfarinati utilizzati, farine pregelatinizzate di frumento, glutine, amidi alimentari, etc.

È possibile utilizzare l'alcool etilico come additivo nel pane confezionato (tipo pancarrè, etc) come conservante antimicotico può essere utilizzato in sostituzione di additivi consentiti, purché rientri nei limiti massimi previsti (2% s.s.) con obbligo di riportare sulle confezioni riportando anche la dicitura "trattato con alcol etilico".

Relativamente al pane ottenuto mediante completamento di cottura da pane parzialmente cotto, surgelato o meno si impone che venga distribuito e messo in vendita in comparti separati dal pane fresco e in imballaggi preconfezionati, riportanti in etichetta, oltre alle diciture previste dal Reg. UE 1169/2011, anche l'indicazione "ottenuto da pane parzialmente cotto surgelato" o "ottenuto da pane parzialmente cotto" a seconda dei casi. Oltre all'obbligo di apporre tali diciture sulla confezione, nel caso di pane per il quale il completamento della cottura avviene nella stessa area di vendita, sussiste contemporaneamente l'obbligo di esporre nella stessa area di vendita un cartello in cui sia indicato, in modo facilmente leggibile, che il pane è stato ottenuto da pane parzialmente cotto (surgelato o meno).

L'etichetta del pane

Deve contenere la denominazione di vendita: pane tipo "0", "00".... In base al tipo di farina utilizzata. Alla denominazione di vendita si può aggiungere una denominazione commerciale volontaria (Filone, Rosetta, Arabo .....). Gli ingredienti vanno indicati in ordine decrescente di peso: farina, acqua, lievito e sale.

Nel caso si utilizzino ingredienti alimentari ulteriori rispetto a quelli base (farina, acqua lievito e sale), è necessario integrare la denominazione di vendita con il nome dell'ingrediente caratterizzante (es, pane al latte, pane all'olio, pane di zucca), riportando nella lista ingredienti il quantitativo % dell'ingrediente caratterizzante.

In caso <u>non si utilizzino</u> tutti gli ingredienti base (farina, acqua lievito e sale), è necessario integrare la denominazione di vendita con la dizione: pane tipo "0" senza sale, ... senza lievito ...

In base al Reg. (UE) 1047/2012, è possibile indicare "senza sale aggiunto" a patto che il contenuto finale di sodio non ecceda 0,12 gr/100 gr nel prodotto finito.

In caso si utilizzino sfarinati diversi dalla farina di frumento si dovrà indicare: pane al ..... (farro, avena, ...).

Può esserci una indicazione volontaria della denominazione di vendita: pane integrale. Questa denominazione si può utilizzare se si utilizza:

- Farina integrale tal quale
- Farina non integrale con integrazione di crusca/cruschello

Con la Circolare 168/2003 si è chiarito che l'utilizzo del qualificativo «integrale» nella denominazione di vendita risulta coerente sia nel caso di utilizzo di farina di frumento integrale sia nel caso in cui si ottenga tale prodotto, con le medesime caratteristiche, ove viene utilizzata, aggiungendo crusca e/o cruschello alla farina di grano tenero. Il termine «integrale», infatti, implica la presenza di crusca e/o di cruschello in quantità tale da assicurare un significativo apporto nutrizionale di fibre nel prodotto finito. La crusca/cruschello sono, infatti, gli unici elementi che differenziano la farina di frumento integrale dalla farina di grano tenero. Per le peculiari proprietà di salute attribuite alla fibra alimentare, è fatta possibilità di sottolinearne la presenza agli occhi dei consumatori mediante le rispettive diciture in etichetta:

➢ Fonte di fibre

L'indicazione che un alimento è fonte di fibre e ogni altra indicazione che può avere lo stesso significato per il consumatore sono consentite solo se il prodotto contiene almeno 3 g di fibre per 100 g o almeno 1,5 g di fibre per 100 kcal.

➢ Ad alto contenuto di fibre

L'indicazione che un alimento è ad alto contenuto di fibre e ogni altra indicazione che può avere lo stesso significato per il consumatore sono consentite solo se il prodotto contiene almeno 6 g di fibre per 100 g o almeno 3 g di fibre per 100 kcal.

La data di confezionamento.

Il termine minimo di conservazione.

Il peso Netto (in: Kg o grammi).

Prodotto/confezionato da … con farina macinata presso ….

Il prezzo

Il caso particolare del "kamut"

Contrariamente a quello che molti pensano il Kamut non è il nome di un cereale, ma un marchio registrato dalla società Kamut International.

La parola Kamut non è il nome di un cereale, ma il marchio commerciale che la società Kamut International ha posto su una varietà di frumento che negli Stati Uniti è stata registrata con la sigla QK-77 e che viene coltivata e venduta in regime di monopolio in tutto il mondo. L'Italia è il primo paese consumatore al mondo di Kamut.

Viene anche chiamato il "grano del faraone" grazie ad un racconto della Kamut International che sostiene che i semi siano stati ritrovati in una tomba egizia a metà del secolo scorso e spediti nel Montana dove sono stati poi risvegliati e coltivati.

Il cereale che si acquista sotto il nome Kamut è la varietà Khorasan (Triticum turgidum ssp. turanicum), un tipo di frumento tipico dell'Iran che ancora oggi lo coltiva.

In qualsiasi parte del mondo si può coltivare il grano Khorasan, ma solo l'azienda proprietaria del marchio Kamut può vendere questo grano con quel nome registrato.

Come tutti i tipi di grano contiene glutine e non è adatto alla alimentazione dei celiaci.

Le acque minerali naturali

L'acqua minerale naturale può subire unicamente trattamenti quale ad esempio la separazione degli elementi instabili, come i composti del ferro e dello zolfo.

Alla fonte, e quando vengono messe in vendita, le acque minerali naturali devono essere prive di parassiti, colibacilli vari (tipi di batteri) e altri ingredienti pericolosi per la salute umana.

I contenitori delle acque minerali naturali devono essere adeguatamente sigillati per evitare qualsiasi contaminazione.

Le acque minerali naturali possono essere vendute, se del caso, in base alle seguenti definizioni:

- acqua minerale naturale;
- acqua minerale naturale addizionata di anidride carbonica (acqua minerale naturale addizionata di anidride carbonica: un'acqua in cui è stata disciolta anidride carbonica (CO_2) non prelevata dalla falda o dal giacimento da cui essa proviene);
- acqua minerale naturale naturalmente gassata (Acqua minerale naturale naturalmente gassata: un'acqua il cui tenore di CO_2 proveniente dalla sorgente, dopo eventuale decantazione e imbottigliamento, è uguale a quello della sorgente, tenuto eventualmente conto della reintegrazione di una quantità di CO_2 proveniente dalla stessa falda o dallo stesso giacimento, pari a quella liberata nel corso di tali operazioni);
- acqua minerale naturale rinforzata col gas della sorgente.

L'etichettatura degli alimenti: piccola guida per il
Consumatore

Le etichette devono inoltre contenere le informazioni seguenti:
- i dettagli relativi alla composizione analitica dell'acqua;
- il nome e il luogo della sorgente utilizzata;
- le informazioni circa gli eventuali trattamenti ai quali l'acqua è stata sottoposta.

È illegale utilizzare più di una designazione commerciale per commercializzare acque minerali naturali provenienti dalla stessa sorgente.

Non è lecito attribuire all'acqua caratteristiche che non possiede.

Il termine "acqua di sorgente" può essere usato solo per le acque destinate al consumo umano allo stato naturale e imbottigliate alla sorgente, che soddisfino le condizioni relative alla salute e all'etichettatura previste dalla normativa.

Nel caso in cui un'autorità nazionale consideri un'acqua minerale naturale pericolosa per la salute umana, potrà limitarne o vietarne la vendita e informerà gli altri paesi dell'UE e la Commissione in merito.

La normativa non si applica alle acque considerate dei medicinali, né alle acque minerali naturali utilizzate come cure all'interno di centri termali e idrotermali.

I succhi di frutta e prodotti analoghi

I succhi di frutta vengono etichettati conformemente alle norme generali europee. Tali disposizioni richiedono di indicare chiaramente nel nome del prodotto:

- se un prodotto è un miscuglio di diversi tipi di frutta;
- se un prodotto è ottenuto interamente o parzialmente a partire da un prodotto concentrato.

L'aggiunta di zuccheri ai succhi di frutta non è più consentita.

Per quanto riguarda gli altri prodotti, zuccheri aggiunti dovranno continuare a essere indicati in etichetta ai sensi del Regolamento 1169. Poiché in precedenza l'aggiunta di zuccheri era consentita, era frequente che alcuni operatori del settore alimentare indicassero in etichetta l'assenza di zuccheri aggiunti nei succhi di frutta per ragioni commerciali, attraverso l'indicazione senza zuccheri aggiunti.

L'uso di questa dichiarazione non è più consentito.

Per i prodotti ottenuti a partire da due o più tipi di frutta, fatta eccezione per i casi in cui si utilizza succo di limone e/o di lime, il nome del prodotto deve essere composto da un elenco dei tipi di frutta utilizzati, in ordine decrescente di volume dei succhi o delle puree presenti, come indicato nell'elenco degli ingredienti.

Nel caso di prodotti ottenuti con tre o più frutti, l'indicazione dei tipi di frutta utilizzati può essere sostituita dalla dicitura diversi frutti, da un'indicazione simile o dal numero di tipi di frutta utilizzati.

Per i succhi di frutta concentrati, non destinati al consumatore finale, l'imballaggio deve riportare la presenza e la quantità di succo di limone, succo di lime o di sostanze acidificanti aggiunti sull'imballaggio, su un'etichetta apposta sull'imballaggio o su un documento di accompagnamento.

I vini, i prodotti vitivinicoli ed alcolici

Quando si etichetta un vino bisognerebbe mettere in etichetta la risposta alle seguenti semplici domande:

che vino è questo?

chi lo produce?

in quale Paese?

quanto vino c'è in questo contenitore?

quanto alcool c'è in questo contenitore?

quando è stato confezionato?

sono presenti allergeni?

Per essere definito vino il prodotto deve:

derivare dalla fermentazione alcolica totale o parziale di uve fresche, pigiate o no, o di mosti di uve;

avere un titolo alcolometrico effettivo, per l'Italia, non inferiore a 9 % vol, sia esso naturale o dopo l'eventuale arricchimento;

avere un titolo alcolometrico totale non superiore a 15 % vol (se si supera questo titolo alcolometrico, un vino senza IG o DO potrà essere, a seconda del processo produttivo, un "vino liquoroso", un "vino da uve appassite" o un "vino da uve stramature";

avere un'acidità totale espressa in acido tartarico non inferiore a 3,5 g/l.

Per i vini che beneficiano di una denominazione di origine protetta o di un'indicazione geografica protetta:

— il titolo alcolometrico effettivo «% vol»;

— la provenienza;

- l'identità dell'imbottigliatore, del produttore o del venditore;
- l'identità dell'importatore nel caso di vini importati;
- il tenore di zucchero (per determinati vini spumanti);
- il numero di lotto.

Per i vini frizzanti e i vini frizzanti gassificati possono essere utilizzate le seguenti indicazioni di tipo di prodotto, a condizione che ciascun tipo abbia un tenore di zuccheri residui compreso nei limiti:

"secco": da 0 a 15 g/l;

"semisecco" o "abboccato": da 12 a 35 g/l;

"amabile": da 30 a 50 g/l;

"dolce": superiore a 45 g/l.

L'etichettatura delle bevande alcoliche con contenuto alcolico superiore all'1,2 % in volume deve riportare il titolo alcolometrico volumico, vale a dire il numero corrispondente al titolo alcolometrico, seguito dal simbolo «% vol». La cifra può comprendere al massimo un decimale e, in alcuni casi, è preceduta dal termine «alcool» o dall'abbreviazione «alc.».

Il titolo alcolometrico è fissato a una temperatura di 20°C. Le tolleranze concesse per l'indicazione del titolo alcolometrico sono le seguenti:

- 0,3 % vol per le bevande diverse da quelle elencate di seguito;
- 0,5 % vol per le birre con contenuto alcolometrico non superiore a 5,5 % vol e le bevande ricavate dall'uva della sottovoce 22.07 B II della tariffa doganale comune;
- 1 % vol per le birre con contenuto alcolometrico superiore a 5,5 % vol, le bevande ricavate dall'uva, i sidri, i vini di frutta ed altri prodotti fermentati simili

derivati da frutta diversa dall'uva, e le bevande a base di miele fermentato;

- 1,5 % vol per le bevande contenenti frutta o parti di piante in macerazione.

Il nome della categoria non è necessario per i vini la cui etichetta reca il nome protetto di una denominazione di origine o di un'indicazione geografica.

I termini «denominazione di origine protetta» e «indicazione geografica protetta» possono essere omessi se:

- sull'etichetta compare una menzione tradizionale;

- sull'etichetta compare il nome della denominazione di origine protetta o dell'indicazione geografica protetta (in casi eccezionali che saranno definiti dalla Commissione).

La presenza di solfiti deve essere indicata nell'etichetta secondo le disposizioni previste dal Regolamento 1169/2011.

La DOP, l'IGP o la menzione tradizionale sono riportate sull'etichetta nella lingua o nelle lingue per le quali vige la protezione. Se non è possibile esprimere in caratteri latini le DOP, le IGP o i nomi nazionali specifici, il nome può figurare in una o più lingue ufficiali dell'Unione europea.

L'etichetta di vini e prodotti vitivinicoli può recare indicazioni facoltative, quali ad esempio:

- l'anno di vendemmia (almeno l'85 % dell'uva deve essere stata raccolta nell'anno indicato);

- il nome di una o più varietà di uve da vino;

- il tenore di zucchero (tranne per determinati vini spumanti, per i quali tale indicazione è obbligatoria);

- il simbolo comunitario recante la denominazione di origine protetta o l'indicazione geografica protetta secondo le disposizioni previste nell'allegato V del regolamento (CE) n. 1898/2006;

- le menzioni relative a determinati metodi di produzione;
- per i vini che beneficiano di una denominazione di origine protetta o di un'indicazione geografica, il nome di un'altra unità geografica di dimensioni minori o maggiori rispetto alla zona che è alla base della denominazione di origine o dell'indicazione geografica.

Il dispositivo di chiusura dei prodotti vitivinicoli non è rivestito da una capsula o da una lamina a base di piombo.

I prodotti vitivinicoli aromatizzati

I prodotti vitivinicoli aromatizzati sono suddivisi in tre categorie:

- vini aromatizzati (bevande nelle quali i prodotti vitivinicoli rappresentano almeno il 75% del volume totale e con un titolo alcolometrico compreso fra il 14,5% e il 22% del volume. Un esempio di tale bevanda è il vermut);
- bevande aromatizzate a base di vino (bevande nelle quali i prodotti vitivinicoli rappresentano almeno il 50% del volume totale e con un titolo alcolometrico compreso fra il 4,5% e il 14,5% del volume. Esempi sono la sangria e il glühwein);
- cocktail aromatizzati di prodotti vitivinicoli (bevande nelle quali i prodotti vitivinicoli rappresentano almeno il 50% del volume totale e con un titolo alcolometrico compreso fra l'1,2% e il 10% del volume).

Per i vini liquorosi possono essere utilizzate le seguenti indicazioni di tipo di prodotto, a condizione che ciascun tipo abbia un tenore di zuccheri residui:

"secco": fino a 40 g/l;

"semisecco" o "amabile": da 40 a 100 g/l;

"dolce": superiore a 100 g/l.

Il miele

Il miele è una sostanza dolce naturale che le api (Apis mellifera) producono dal nettare di piante o dalle secrezioni provenienti da parti vive di piante o dalle sostanze secrete da insetti succhiatori che si trovano sulle piante che esse bottinano.

Per la vendita al dettaglio il miele deve essere immesso nel mercato in contenitori chiusi ed etichettato secondo la norma. Il contenuto della confezione non deve poter essere modificato senza che essa sia aperta o alterata.

A tale scopo è utile un sigillo di garanzia che è in grado di tutelare il consumatore ed il produttore da eventuali manipolazioni e può fungere da veicolo di alcune informazioni obbligatorie o facoltative previste dalle normative applicabili.

La denominazione minima deve essere "miele". La direttiva 2001/110/CE specifica i tipi di prodotti del miele che possono essere venduti con determinate denominazioni e le norme sull'etichettatura, la presentazione e le informazioni sull'origine.

La direttiva completa le norme generali dell'Unione sull'etichettatura alimentare, stabilite nel regolamento (UE) n. 1169/2011. Le informazioni essenziali per i consumatori devono essere presenti sulle etichette e, in particolare, le etichette devono contenere il paese d'origine del miele e le denominazioni del prodotto, come stabilito nell'allegato I.

Il miele, immesso sul mercato in quanto tale o utilizzato in prodotti destinati al consumo umano, deve rispettare i criteri di composizione stabiliti nell'allegato II della direttiva.

La direttiva 2014/63/UE chiarisce che il polline è un componente naturale, piuttosto che un ingrediente del miele.

La direttiva 2014/63/UE chiarisce inoltre i requisiti per l'etichettatura qualora il miele sia originario di più di un paese dell'UE o di un paese terzo. In tali casi, l'indicatore del paese d'origine può essere sostituito da una delle seguenti indicazioni, a seconda del caso:

- "miscela di mieli originari dell'UE";
- "miscela di mieli non originari dell'UE";
- "miscela di mieli originari e non originari dell'UE".

In determinati casi, queste denominazioni possono essere sostituite dalla semplice denominazione di vendita "miele" (a eccezione del "miele filtrato", del "miele di favo", del "del miele in pezzi di favo o favo tagliato nel miele" e del "miele per uso industriale").

Le informazioni sull'origine regionale, territoriale o topografica, sull'origine floreale o vegetale, oppure su criteri di qualità specifici possono completare tale etichettatura (a eccezione del "miele filtrato" e del "miele per uso industriale").

- Miele filtrato: miele ottenuto eliminando sostanze organiche o inorganiche estranee in modo da avere come risultato un'eliminazione significativa dei pollini. Questo comma fa riferimento alla "Filtrazione spinta", da non confondere quindi con la normale procedura di filtrazione;

- Miele di favo: miele immagazzinato dalle api negli alveoli opercolati di favi da esse appena costruiti o di sottili fogli cerei realizzati unicamente con cera d'api, non contenenti covata e venduto in favi anche interi;

- Miele con pezzi di favo o sezioni di favo nel miele: miele che contiene uno o più pezzi di miele in favo;
- Miele per uso industriale: la menzione "unicamente ad uso culinario" deve essere riportata in immediata prossimità della denominazione del prodotto.

Le informazioni obbligatorie riguarderanno:

- ➢ La denominazione di vendita;
- ➢ La quantità netta;
- ➢ Il termine minimo di conservazione (TMC);
- ➢ Il nome o la ragione sociale dell'Operatore che commercializza il prodotto;
- ➢ La sede e l'indirizzo dello stabilimento di produzione se diverso da quello di confezionamento;
- ➢ Il paese di origine in cui il miele è stato raccolto;
- ➢ Il numero di lotto;
- ➢ Possono essere aggiunte anche denominazioni facoltative purché dimostrabili alle Autorità:
  - ▪ Miele di nettare, Miele di fiori, Miele di melata, Miele scolato, Miele centrifugato, Miele torchiato.

È inoltre possibile, ad esclusione del miele filtrato fare riferimento alla origine botanica nella denominazione ad esempio: miele di castagno.

Per il miele millefiori non può definirsi miele «Millefiori» un prodotto derivante dalla miscelazione di diversi mieli di origine monofloreale.

Anche un "miele di bosco" deve consistere essenzialmente in "miele di melata". … qualora si intende indicare un miele di bosco essenzialmente di origine floreale è opportuno riferirsi a "miele di fiori di bosco"….. Non è possibile utilizzare la denominazione "miele di bosco" per indicare un miele di melata di origine vegetale proveniente non da essenze boschive, bensì essenzialmente da piante erbacee.

È prevista inoltre la possibilità della indicazione geografica purché il miele provenga totalmente da quella origine.

La doppia indicazione floreale e/o vegetale può essere utilizzata a condizione che i fiori e/o i vegetali indicati abbiano lo stesso periodo di produzione di nettare e/o melata e siano della stessa origine geografica (es.: miele di castagno e tiglio).

Ciascuna delle origini botaniche indicate deve essere significativa ed il miele deve provenire interamente o principalmente dalle due origini indicate;

Il miele deve avere, come nel caso dell'indicazione monofloreale, caratteristiche organolettiche, fisico-chimiche e microscopiche della duplice origine da cui proviene.

Nel caso in cui i fiori e/o vegetali indicati non hanno lo stesso periodo di produzione di nettare e/o di melata e la stessa origine geografica, si può indicare l'origine floreale e/o vegetale duplice o multipla a condizione che il termine "miscela" appaia chiaramente in etichetta.

Sull'etichetta devono inoltre essere indicati il Paese o i Paesi di origine in cui il miele è stato raccolto. La sola indicazione "Miscela di mieli…" non è sufficiente.

Nel caso in cui il miele viene mescolato o utilizzato insieme ad altri alimenti diviene un "prodotto alimentare" che segue le regole degli alimenti composti con le indicazioni obbligatorie e facoltative di rito.

Per la "pappa reale" ed il "polline" l'etichetta di tali integratori dovrà prevedere:
➤ Denominazione (nome commerciale)
➤ Elenco e le quantità degli ingredienti presenti

L'etichettatura degli alimenti: piccola guida per il Consumatore

➢ Nome o ragione sociale e l'indirizzo dell'operatore del settore alimentare

➢ Sede dello stabilimento di confezionamento

➢ Lotto

➢ Quantità netta o nominale

➢ Indicazioni per la conservazione

➢ Istruzioni per l'uso

➢ Data di scadenza

➢ Dose giornaliera raccomandata con un'avvertenza a non eccedere e

➢ Avvertenza: "gli integratori non vanno intesi come sostituti di una dieta variata", obbligatoria per gli integratori contenenti sostanze nutritive o ad effetto nutritivo

➢ Effetto nutritivo e fisiologico attribuito al prodotto sulla base dei suoi costituenti

➢ Avvertenza: "tenere fuori dalla portata dei bambini al di sotto dei tre anni"

➢ Non è, inoltre, possibile attribuire agli integratori alcun tipo di attività terapeutica, di prevenzione o di cura delle patologie umane, né affermare o sottintendere che una dieta sana e bilanciata non fornisca tutte le sostanze nutritive necessarie all'organismo.

In alcuni casi però la pappa reale ed il polline entrano come costituenti di prodotti alimentari, in questo caso si seguono le regole generali.

È infine opportuno, perché altrimenti è responsabilità civile e penale dell'Operatore, dare indicazione in etichetta che l'utilizzo del miele è vietato in bambini di età inferiore a 12 mesi per prevenire l'intossicazione botulinica provocata da assunzione di spore.

Gli zuccheri

L'Unione europea ha fissato norme comuni con la Direttiva 2001/111/CE del Consiglio, del 20 dicembre 2001, relativa a determinati tipi di zucchero destinati all'alimentazione umana. La normativa riguarda la composizione, le denominazioni di vendita, l'etichettatura e la presentazione.

La direttiva 2001/111/CE migliora l'etichettatura di taluni zuccheri alimentari per informare meglio i consumatori ed evitare di indurli in errore sui prodotti che essi acquistano. La direttiva si applica ferme restando le disposizioni generali relative all'etichettatura dei prodotti alimentari. Vengono definite undici varietà di zuccheri:

— zucchero di fabbrica,
— zucchero (zucchero bianco),
— zucchero raffinato (zucchero bianco raffinato),
— zucchero liquido,
— zucchero liquido invertito,
— sciroppo di zucchero invertito,
— sciroppo di glucosio,
— sciroppo di glucosio disidratato,
— destrosio monoidrato,
— destrosio (destrosio anidro)
— fruttosio.

Per ciascuna varietà corrispondono diverse caratteristiche di composizione e norme relative al confezionamento e all'etichettatura.

Il Cacao e il cioccolato

L'Unione Europea definisce una serie di norme comuni specifiche per i prodotti di cacao e di cioccolato destinati all'alimentazione umana con la Direttiva 2000/36/CE del Parlamento europeo e del Consiglio. La direttiva stabilisce la composizione dei prodotti di cacao e di cioccolato. Per alcuni prodotti, determina anche la percentuale minima di burro di cacao per certi prodotti e la possibilità di utilizzare una quantità di grassi vegetali diversi dal burro di cacao, non superiore al 5 % del prodotto finito. I grassi vegetali utilizzati (diversi dal burro di cacao) sono elencati nell'allegato II della direttiva.

Solo i prodotti realizzati secondo le norme di composizione stabilite dalla presente direttiva possono essere commercializzati con una delle denominazioni seguenti:

— burro di cacao;

— cacao in polvere, cacao;

— cacao magro in polvere, cacao magro, cacao fortemente sgrassato in polvere, cacao fortemente sgrassato;

— cioccolato in polvere;

— cioccolato comune in polvere, cacao zuccherato, cacao zuccherato in polvere (integrato eventualmente dai termini magro o fortemente sgrassato);

— cioccolato (completato dalle parole vermicelli o in fiocchi, di copertura o alle nocciole gianduia);

— cioccolato al latte, alla panna o al latte scremato (completato eventualmente dalle parole vermicelli o in fiocchi, di copertura o alle nocciole gianduia);

— cioccolato comune al latte;

— cioccolato bianco;

- cioccolato ripieno;
- chocolate a la taza;
- chocolate familiar a la taza;
- cioccolatino o pralina.

L'etichettatura del cacao e del cioccolato può contenere altre voci. Ad esempio, l'etichettatura dei prodotti di cioccolato contenenti sostanze grasse vegetali diverse dal burro di cacao deve presentare la dicitura contiene altri grassi vegetali oltre al burro di cacao nello stesso campo visivo dell'elenco degli ingredienti, ben distinta da questo.

L'etichettatura del cioccolato in polvere, del cacao dolce, così come del cioccolato, del cioccolato al latte, del cioccolato comune al latte, del chocolate a la tazaechocolate familiar a la taza deve indicare il contenuto di sostanza secca totale di cacao. Inoltre, il cacao e il cioccolato in polvere, magri o sgrassati, devono dichiarare il contenuto di burro di cacao.

Marmellate, confetture e crema di marroni

La composizione e l'etichettatura delle confetture e della crema di marroni sono soggette a norme specifiche per quanto concerne il contenuto di frutta e zucchero, il tenore residuo di anidride solforosa e altri additivi. La direttiva non si applica ai prodotti destinati alla fabbricazione dei prodotti da forno fini, pasticceria o biscotteria.

La denominazione è completata dall'indicazione del frutto o dei frutti utilizzati, in ordine decrescente rispetto al peso delle materie prime utilizzate. Tuttavia, per i prodotti ottenuti da tre o più frutti, l'indicazione dei frutti utilizzati può essere sostituita dalla dicitura frutti misti, da un'indicazione simile o da quella del numero di frutti utilizzati.

Confettura: mescolanza, portata a consistenza gelificata appropriata, di zuccheri, polpa e/o purea di una o più specie di frutta e acqua. Per gli agrumi la confettura può essere ottenuta dal frutto intero, tagliato e/o affettato. La quantità di polpa e/o purea utilizzata per la fabbricazione di 1000 grammi di prodotto finito non dev'essere inferiore a grammi:

- 350 in generale;
- 230 per ribes rosso e nero, sorbe, olivello spinoso, cinorrodi e mele cotogne;
- 150 per lo zenzero;
- 160 per il pomo di acagiù;
- 60 per il frutto di granadiglia.

La denominazione dei prodotti preparati con le mele cotogne può essere accompagnata dal termine "cotognata".

Confettura extra: mescolanza, portata a consistenza gelificata appropriata, di zuccheri, polpa non concentrata di una o più specie di frutta ed acqua. Tuttavia, la confettura extra di cinorrodi e la confettura extra senza semi di lamponi, more, ribes neri e rossi e mirtilli può essere ottenuta parzialmente o totalmente dalla purea non concentrata di questa specie di frutta. Per gli agrumi, la confettura extra può essere ottenuta dal frutto intero, tagliato e/o affettato. La quantità di polpa utilizzata per la produzione di 1000 grammi di prodotto finito non dev'essere inferiore a grammi:

- 450 in generale;
- 350 per ribes rosso e nero, sorbe, olivello spinoso, cinorrodi e mele cotogne;
- 250 per lo zenzero;
- 230 per il pomo di acagiù;
- 80 per la granadiglia.

È vietato l'uso di anidride solforosa e dei suoi sali nella preparazione di materie prime destinate alla fabbricazione di confetture extra.

Gelatina: mescolanza, sufficientemente gelificata, di zuccheri, succo di frutta e/o estratto acquoso di una o più specie di frutta. La quantità di succo di frutta e/o di estratto acquoso utilizzata per la produzione di 1000 grammi di prodotto finito non dev'essere inferiore a quella fissata per la produzione della confettura (dette quantità sono calcolate previa detrazione del peso dell'acqua impiegata per la preparazione degli estratti acquosi).

Gelatina extra: mescolanza, sufficientemente gelificata, di zuccheri, succo di frutta e/o estratto acquoso di una o più specie di frutta. La quantità di succo di frutta e/o di estratto acquoso utilizzata per la produzione di 1000 grammi di prodotto finito non dev'essere inferiore a quella fissata per la produzione della confettura extra (dette quantità sono calcolate previa detrazione del peso dell'acqua impiegata per la preparazione degli estratti acquosi).

Mele, pere, prugne a nocciolo aderente, meloni, angurie, uva, zucche, cetrioli e pomodori mescolati ad altri non possono essere utilizzati per la produzione di "confetture extra" e "gelatine extra".

È vietato l'uso di anidride solforosa e dei suoi sali nella preparazione di materie prime destinate alla fabbricazione di gelatine extra.

Marmellata: mescolanza, portata a consistenza gelificata appropriata, di acqua, zuccheri e di uno o più dei seguenti prodotti ottenuti da agrumi: polpa, purea, succo, estratti acquosi e scorze. La quantità di agrumi utilizzata per la produzione di 1000 grammi di prodotto finito non dev'essere inferiore a 200 grammi (di cui almeno 75 provenienti dall'endocarpo).

Marmellata gelatina: prodotto esente totalmente da sostanze insolubili, salvo eventualmente esigue quantità di scorza di agrumi finemente tagliata.

Crema di marroni: mescolanza, portata a consistenza appropriata, di acqua, zuccheri e purea dì marroni. La quantità di purea di marroni (Castana Sativa) utilizzata per la produzione di 1000 grammi di prodotto finito non dev'essere inferiore a 380 grammi.

Le indicazioni obbligatorie previste dalla normativa sono:

> **la denominazione dell'alimento** completata dal nome del frutto o dei frutti utilizzati in ordine decrescente rispetto al loro peso. Nel caso di prodotti ottenuti da tre o più frutti, l'indicazione dei frutti può essere sostituita dalla dicitura "frutti misti", da un'indicazione simile oppure da quella del numero dei frutti utilizzati (ad

esempio, "gelatina di arancia", "confettura extra di albicocca" per un solo frutto; "gelatina extra di pera e arancia", per due frutti; "gelatina 5 frutti", "confettura di frutti misti" per più di due frutti);

➢ **l'elenco ingredienti**: è necessario indicare tutti gli ingredienti utilizzati. Quando i frutti non vengono indicati nella denominazione dell'alimento, perché ci si avvale della possibilità di utilizzare la dicitura "più frutti" e simili, i frutti vanno comunque menzionati nell'elenco degli ingredienti in ordine ponderale decrescente;

➢ **l'eventuale presenza di allergeni**, conformemente alle indicazioni presenti nell'allegato II del Reg. UE 1169/2011;

➢ il lotto;

➢ la quantità netta;

➢ il termine minimo di conservazione;

➢ il nome o ragione sociale e l'indirizzo dell'OSA responsabile delle informazioni presenti sull'etichetta e dello stabilimento di produzione;

➢ le modalità di conservazione e di utilizzazione, se particolari;

➢ i prodotti previsti all'allegato I del D.Lgs. 50/2004 devono avere un tenore di sostanza secca solubile, determinata dal rifrattometro, pari o superiore al 6%, eccetto i prodotti nei quali gli zuccheri sono totalmente o parzialmente sostituiti da edulcoranti. Tale tenore può essere inferiore al 60% e superiore al 45%: in tal caso, il prodotto deve riportare in etichetta la dicitura "da conservarsi in frigorifero dopo l'apertura". Tale dicitura non è richiesta per i prodotti presentati in piccole confezioni monouso;

➢ la dicitura concernente il contenuto di frutta: "frutta utilizzata: … grammi(g) per 100 grammi (g)" di prodotto finito, previa detrazione dell'eventuale peso dell'acqua utilizzata per la preparazione degli estratti acquosi. Tale indicazione deve figurare, a caratteri chiaramente leggibili, nello stesso campo visivo della denominazione dell'alimento;

> la dicitura concernente il tenore di zuccheri: "zuccheri totali … grammi (g) per 100 grammi (g)"; la cifra indicata rappresenta il valore rifrattometrico del prodotto finito, determinato a 20°C con una tolleranza di più o meno 3° rifrattometrici. Tale menzione può non essere riportata nel caso in cui figuri in etichettatura la tabella nutrizionale. Tale indicazione deve figurare, a caratteri chiaramente leggibili, nello stesso campo visivo della denominazione dell'alimento. Un prodotto che ha un tenore di sostanza secca solubile inferiore al 45%, non rientra in tale normativa, pertanto deve avere una denominazione differente (ad esempio, composta di frutta).

Inoltre, l'etichettatura delle confetture, delle gelatine, delle marmellate e della crema di marroni deve riportare:

– il tenore di frutta per 100 grammi di prodotto;

– il tenore totale di zucchero allorché nessuna informazione nutrizionale sugli zuccheri figura nell'etichettatura in applicazione del Regolamento 1169/2011;

– il tenore residuo di anidride solforosa se è superiore a 10 mg/kg.

I prodotti biologici

La tracciabilità e l'etichettatura degli alimenti **"bio"** sottostanno a diverse normative specifiche.

La prima normativa di interesse è il Regolamento CE 834/2007 del Consiglio relativo alla produzione biologica e all'etichettatura dei prodotti biologici che ha come obiettivi generali la concorrenza leale tra produttori, una maggiore fiducia verso i prodotti biologici da parte dei Consumatori, la sostenibilità e la qualità della produzione agricola.

Le norme generali di produzione biologica vietano l'uso di qualsiasi tipo di organismo geneticamente modificato inteso come "organismo" il cui materiale genetico (DNA) è stato alterato non tramite riproduzione e/o ricombinazione naturale, ma attraverso l'introduzione di un gene modificato o di un gene di un'altra varietà o specie. È altresì vietato l'uso di radiazioni ionizzanti per il trattamento degli alimenti.

Gli operatori che intendono far coesistere i due tipi di produzione agricola (biologica e non biologica) devono mantenere separati gli animali e i terreni.

La produzione vegetale biologica deve rispettare una serie di norme riguardanti:

- i trattamenti del suolo, che devono rispettarne la vita e la fertilità naturale;
- la prevenzione dei danni, che deve essere basata su metodi naturali, con la possibilità di ricorrere a un numero limitato di prodotti fitosanitari autorizzati dalla Commissione Europea;
- le sementi e i materiali di propagazione vegetativa, che devono essere prodotti secondo il metodo biologico;
- i prodotti per la pulizia, che devono essere autorizzati dalla Commissione.

Anche i vegetali selvatici raccolti in determinate zone sono classificati come prodotti biologici, sempre che rispondano a una serie di requisiti in materia di raccolta e di zona di provenienza (ad esempio il luogo nel quale sono raccolti non deve essere stato trattato con prodotti non autorizzati da almeno 3 anni). Analogamente, le alghe marine sono assimilabili a prodotti biologici subordinatamente al rispetto di determinate condizioni riguardanti la zona di produzione e la raccolta.

La produzione animale biologica deve rispettare una serie di norme riguardanti:

- l'origine degli animali, che devono essere nati ed essere stati allevati in aziende biologiche;
- le pratiche di gestione e cura degli animali, con particolare riguardo a determinate condizioni di stabulazione degli animali;
- la riproduzione degli animali, che di norma deve avvenire con metodi naturali;
- i mangimi, che devono essere di origine biologica;
- la prevenzione delle malattie;
- la pulizia e la disinfezione, per le quali devono essere utilizzati esclusivamente prodotti autorizzati dalla Commissione.

Analoghe norme specifiche si applicano alla produzione di animali d'acquacoltura.

Le aziende che avviano un'attività di produzione biologica devono completare un periodo di conversione durante il quale le pratiche di produzione biologica devono essere rispettate.

I mangimi biologici trasformati devono essere composti da materie prime biologiche e non possono essere trasformati con l'ausilio di solventi ottenuti per sintesi chimica. Gli alimenti trasformati devono essere principalmente costituiti da ingredienti di origine agricola. L'aggiunta di altri ingredienti è subordinata a un'autorizzazione della Commissione. I lieviti biologici devono essere ottenuti da substrati biologici e da altri ingredienti autorizzati.

La Commissione può concedere eccezioni alle disposizioni riguardanti gli obiettivi, le norme di produzione e l'etichettatura. Si tratta tuttavia di eccezioni limitate nel tempo e riservate a determinati casi particolari.

<u>L'etichettatura</u> prevede abbreviazioni quali **"eco" e "bio"** che possono essere utilizzate nell'etichettatura, nella pubblicità e nei documenti commerciali per caratterizzare un prodotto biologico, i suoi ingredienti o le sue materie prime.

L'etichettatura di un prodotto biologico deve essere facilmente visibile sull'imballaggio e contenere un riferimento all'organismo di controllo che certifica il prodotto.

Dal 1° luglio 2010, l'utilizzo del logo dell'UE sui prodotti alimentari provenienti da agricoltura biologica è obbligatorio, insieme all'indicazione del luogo di provenienza delle materie prime che compongono il prodotto che deve figurare nello stesso campo visivo del logo dell'UE.

I Novel Food

Nella definizione di nuovo alimento rientrano tutti gli alimenti non utilizzati in misura significativa per il consumo umano nel territorio dell'UE prima del 15 maggio 1997. In questa categoria rientrano molti prodotti, quali gli alimenti con una struttura molecolare nuova o volutamente modificata, gli alimenti che utilizzano nuovi processi di produzione alimentare (pane trattato con illuminazione a ultravioletti per aumentare il contenuto di vitamina D) o ottenuti da microorganismi, funghi o alghe (ad esempio, l'uso della microalga Schizochytrium sp. in alimenti quali barrette di cereali, grassi alimentari ecc. come fonte alternativa di acido docosaesaenoico).

La Commissione ha istituito un elenco positivo dei nuovi alimenti autorizzati dal 1° gennaio 2018.

Un prodotto autorizzato non deve:

presentare un rischio per la salute umana, in base alle prove scientifiche;

indurre in errore i consumatori, in particolare nel caso in cui sia destinato a sostituire un altro alimento e vi sia un cambiamento significativo nel suo valore nutritivo;

essere svantaggioso sul piano nutrizionale in condizioni di consumo normale, nel caso in cui sia destinato a sostituire un altro alimento.

Già nel 1997 il legislatore europeo si era occupato di disciplinare l'ingresso sul mercato di nuovi prodotti e di nuovi ingredienti alimentari e lo aveva fatto con il Regolamento CE 258/97.

Si trattava di prodotti o ingredienti non ancora utilizzati per il consumo umano:

- prodotti e ingredienti alimentari che presentano una struttura molecolare primaria nuova o modificata;

- prodotti e ingredienti alimentari costituiti da microrganismi, funghi o alghe;
- prodotti e ingredienti alimentari costituiti da vegetali o isolati a partire da suddetti vegetali, e gli ingredienti alimentari isolati a partire da animali;
- prodotti e ingredienti alimentari il cui valore nutritivo, metabolismo o tenore di sostanze indesiderabili è stato modificato in maniera significativa dal processo di produzione.

I controlli sulla innocuità per la salute e l'ambiente dovevano essere svolti dall'Autorità europea per la sicurezza alimentare. Il regolamento non si applicava agli additivi alimentari, agli aromi alimentari, ai solventi da estrazione né agli enzimi alimentari e neppure agli OGM.

I prodotti o gli ingredienti alimentari non dovevano:

- presentare rischi per il consumatore;
- indurre in errore il consumatore;
- comportare svantaggi per il consumatore.

Il regolamento fissava anche requisiti specifici di etichettatura per questi nuovi prodotti o ingredienti alimentari, che andavano ad aggiungersi ai requisiti generali europei in materia di etichettatura dei prodotti alimentari.

Fatti salvi gli altri requisiti generali in materia di etichettatura dei prodotti alimentari previsti dalla legislazione comunitaria, l'etichetta dei nuovi prodotti e ingredienti alimentari doveva riportare:

- tutte le caratteristiche quali la composizione, il valore nutritivo e l'uso al quale il prodotto era destinato;
- la presenza di sostanze che potevano avere ripercussioni sulla salute di determinate persone;
- la presenza di sostanze che potevano dare luogo a riserve di carattere etico.

L'etichettatura degli alimenti: piccola guida per il Consumatore

La procedura di autorizzazione per l'immissione di un nuovo alimento nel mercato può essere attivata o da un richiedente (paese dell'UE, paese extra-UE o una parte interessata) o dalla Commissione.

Le indicazioni nutrizionali

Le indicazioni sulla salute non possono:
- essere false, ambigue o fuorvianti;
- dare adito a dubbi sulla sicurezza e/o sull'adeguatezza nutrizionale di altri alimenti;
- incoraggiare un consumo eccessivo;
- suggerire che una dieta equilibrata e varia non possa in generale fornire quantità adeguate di tutte le sostanze nutritive;
- suggerire che la salute potrebbe risultare compromessa dal mancato consumo dell'alimento;
- fare riferimento alla percentuale o all'entità della perdita di peso;
- fare riferimento al parere di un singolo medico o altro operatore sanitario.

L'impiego di indicazioni nutrizionali e sulla salute è permesso soltanto se si è dimostrato che la presenza, l'assenza o il contenuto ridotto in un alimento di una sostanza ha un effetto benefico, sulla base di dati scientifici generalmente accettati. Tali sostanze devono essere presenti in quantità che possano essere ragionevolmente consumate e tali da offrire l'effetto desiderato.

Le indicazioni sulla salute sono consentite solo se sull'etichettatura sono comprese le seguenti informazioni:
- la popolazione di riferimento dell'indicazione;

- una dicitura relativa all'importanza di una dieta varia ed equilibrata e di uno stile di vita sano;
- la quantità dell'alimento e le modalità di consumo necessarie per ottenere l'effetto benefico indicato;
- una dicitura rivolta alle persone che dovrebbero evitare di consumare l'alimento (ad es. donne in gravidanza);
- un'appropriata avvertenza per i prodotti che potrebbero presentare un rischio per la salute se consumati in quantità eccessive;
- una dicitura indicante che la malattia cui l'indicazione fa riferimento è dovuta a molteplici fattori di rischio e che l'intervento su uno di questi può anche non avere un effetto benefico;
- altre limitazioni o consigli per l'uso.

Le indicazioni sulla salute basate su dati scientifici generalmente accettati e ben compresi dal consumatore medio possono essere esentate dal processo di autorizzazione.

Le bevande contenenti più dell'1,2 % in volume di alcol non devono riportare indicazioni nutrizionali o sulla salute diverse da quelle relative alla riduzione nel contenuto alcolico o energetico. Nel concetto di "indicazione" rientra qualunque messaggio o rappresentazione non obbligatori in base alla legislazione UE o nazionale, comprese le rappresentazioni figurative, grafiche o simboliche in qualsiasi forma, che affermi, suggerisca o sottintenda che un alimento abbia particolari caratteristiche.

Indicazioni nutrizionali: qualunque indicazione che affermi, suggerisca o sottintenda che un alimento abbia particolari proprietà nutrizionali benefiche, dovute:

- all'energia (valore calorico) che apporta,
- apporta a tasso ridotto o accresciuto o
- non apporta, e/o

- alle sostanze nutritive o di altro tipo che contiene,
- contiene in proporzioni ridotte o accresciute, o
- non contiene.

Indicazioni sulla salute: qualunque indicazione che affermi, suggerisca o sottintenda l'esistenza di un rapporto tra una categoria di alimenti, un alimento o uno dei suoi componenti e la salute.

Sostanza nutritiva: proteine, carboidrati, grassi, fibre, sodio, vitamine e minerali elencati nell'allegato del regolamento (UE) n. 1169/2011 e le sostanze che appartengono o sono componenti di una di tali categorie.

Sostanza di altro tipo: una sostanza diversa da quelle nutritive che abbia un effetto nutrizionale o fisiologico.

Le indicazioni sulla salute sono messaggi di carattere commerciale e facoltativo, presentati sotto forma di parole, frasi, immagini, logo ecc., che sostengono, suggeriscono o implicano l'esistenza di un rapporto tra il prodotto alimentare in questione e la salute.

Pur concedendo una certa flessibilità agli operatori del settore alimentare per quanto riguarda la formulazione delle informazioni obbligatorie, il regolamento prevede che in caso di utilizzo di un'indicazione sulla salute siano fornite le quattro informazioni seguenti:

- una dicitura relativa all'importanza di una dieta varia ed equilibrata e di uno stile di vita sano. Questa disposizione ha lo scopo di aiutare il consumatore a comprendere l'effetto benefico specifico dell'alimento recante l'indicazione sulla salute. Essa sottolinea che il consumatore deve essere informato sul fatto che l'alimento in questione deve essere consumato con moderazione, nel quadro di una dieta varia ed equilibrata e nel rispetto di una buona pratica dietetica per ottenere effetti benefici sulla salute e che il suo consumo nel quadro di una dieta varia ed equilibrata è solo una delle condizioni di uno stile di vita sano;

- la quantità dell'alimento e le modalità di consumo necessarie per ottenere l'effetto benefico indicato. Questa disposizione concerne le informazioni sulla composizione dell'alimento che devono essere fornite dagli operatori del settore alimentare per garantire che sia ottenuto l'effetto indicato. Il modo in cui l'alimento è consumato è importante e informarne il consumatore può anche essere una prescrizione relativa alle condizioni specifiche per l'uso delle indicazioni sulla salute stabilite dalla Commissione ai fini della loro autorizzazione e del loro inserimento nel registro dell'Unione. La disposizione intende assicurare per tutte le indicazioni sulla salute che il consumatore sia informato in modo esauriente sulla quantità e sulle modalità di consumo quotidiano dell'alimento. Occorre ad esempio specificare se l'effetto indicato può essere ottenuto consumando l'alimento un'unica volta o varie volte nel corso della giornata. Inoltre, le informazioni non possono incoraggiare o tollerare il consumo eccessivo di un alimento, come stabilito all'articolo 3, secondo comma, lettera c). Qualora ciò non sia possibile, l'indicazione sulla salute non è da fornire;

- se del caso, una dicitura rivolta alle persone che dovrebbero evitare di consumare l'alimento;

- un'appropriata avvertenza per i prodotti che potrebbero presentare un rischio per la salute se consumati in quantità eccessive.

DOP, IGP e STG

Ai fini della normativa europea,

la «denominazione di origine» è un nome che identifica un prodotto:

- originario di un luogo, regione o, in casi eccezionali, di un paese determinati;
- la cui qualità o le cui caratteristiche sono dovute essenzialmente o esclusivamente ad un particolare ambiente geografico ed ai suoi intrinseci fattori naturali e umani; e
- le cui fasi di produzione si svolgono nella zona geografica delimitata.

L' «indicazione geografica» è un nome che identifica un prodotto:

- originario di un determinato luogo, regione o paese;
- alla cui origine geografica sono essenzialmente attribuibili una data qualità; la reputazione o altre caratteristiche; e
- la cui produzione si svolge per almeno una delle sue fasi nella zona geografica delimitata.

Le tre tipologie di Indicazione Geografica presentano lo stesso livello di protezione sui mercati europei ed internazionali e non sono da considerare di qualità superiore l'una rispetto all'altra. Con riferimento alle sole Dop e Igp, quello che cambia è il diverso legame con il territorio di origine, che nel caso dei prodotti Dop è forte, un pò più forte di quello dei prodotti Igp.

Gli alimenti geneticamente modificati

Sono stabilite regole per l'autorizzazione e l'etichettatura degli alimenti e dei mangimi geneticamente modificati.

Per **"organismo geneticamente modificato"** si intende un organismo il cui materiale genetico sia stato alterato attraverso l'ingegneria genetica al fine di introdurre geni normalmente assenti.

Il regolamento si applica:

- agli OGM utilizzati negli alimenti e nei mangimi per animali;
- agli alimenti e ai mangimi per animali che contengono OGM;
- agli alimenti e ai mangimi realizzati con oppure contenenti ingredienti preparati utilizzando OGM.

Gli alimenti e i mangimi per animali che contengono OGM devono essere etichettati chiaramente.

Se un alimento o un mangime contiene una concentrazione di OGM inferiore allo 0,9 %, non è necessario etichettarlo, a condizione che l'OGM contenuto risulti tecnicamente inevitabile.

Sono stabilite norme per garantire che i prodotti contenenti OGM nonché gli alimenti e i mangimi da essi derivati, possano essere tracciati in tutte le fasi della catena di produzione e di distribuzione. Le norme riguardano l'etichettatura, il monitoraggio dei rischi ambientali e sanitari, e la possibilità di ritirare i prodotti, se necessario.

La tracciabilità (la capacità di rintracciare OGM e prodotti ottenuti da OGM in tutte le fasi della catena di produzione e di distribuzione) è la chiave per fornire ai consumatori e al commercio alimentare le informazioni e le garanzie sui prodotti alimentari e sui mangimi derivati da OGM.

Chi commercializza deve rispondere a tre requisiti principali:

- informare per iscritto gli acquirenti commerciali in merito al fatto che un prodotto contiene OGM (o fornire una dichiarazione relativa all'uso per i prodotti destinati agli alimenti o ai mangimi per animali);

- comunicare gli identificatori unici assegnati a ciascun OGM in base al regolamento (per alimenti e mangimi)

- identificare ogni ingrediente derivato da OGM, se esiste un elenco degli ingredienti.

Queste informazioni dovrebbero essere fornite in ogni fase della catena di produzione e distribuzione e conservate per cinque anni.

La confezione destinata al consumatore finale o i prodotti preconfezionati contenenti OGM dovrebbero riportare la dicitura: «Questo prodotto contiene organismi geneticamente modificati [o i nomi degli organismi]».

Un prodotto può contenere tracce di OGM (al di sotto dello 0,9 %), se ciò è tecnicamente inevitabile.

Il marchio di qualità ecologica

L'apposizione del marchio di qualità ecologica è disciplinata dal Regolamento (CE) n. 66/2010 relativo all'Ecolabel UE

Il marchio di qualità ecologica dell'Unione europea può essere assegnato ai prodotti e servizi con un impatto ambientale inferiore rispetto ai prodotti dello stesso gruppo. I criteri per il marchio Ecolabel UE sono determinati su base scientifica e considerando l'intero ciclo di vita dei prodotti, dalla loro elaborazione fino al loro smaltimento.

Il marchio può essere assegnato a tutti i beni e i servizi destinati alla distribuzione, al consumo o all'uso sul mercato dell'UE, a titolo oneroso o gratuito, purché siano stati stabiliti con chiarezza dei criteri ecologici.

Non si applica né ai medicinali per uso umano né ai medicinali per uso veterinario né ai dispositivi medici di qualsiasi tipo.

L'assegnazione del marchio avviene tenendo conto degli obiettivi europei in ambito ambientale ed etico e, inoltre, promuove la transizione dell'UE all'economia circolare, incentivando la sostenibilità sia della produzione che del consumo. Sono presi in considerazione:

- l'impatto di prodotti e servizi sui cambiamenti climatici, l'impatto sulla natura e la biodiversità, il consumo di energia e di risorse, la produzione di rifiuti, l'inquinamento, le emissioni e il rilascio di sostanze pericolose nell'ambiente;

- la sostituzione delle sostanze pericolose con sostanze più sicure;

- la sostenibilità e la riutilizzabilità dei prodotti;

- l'impatto finale sull'ambiente, soprattutto sulla salute e la sicurezza dei consumatori;
- il rispetto delle norme etiche e sociali, come le norme internazionali sul lavoro;
- i criteri stabiliti per altri marchi ambientali a livello nazionale o regionale;
- la riduzione degli esperimenti sugli animali.

Il marchio non può essere assegnato a prodotti che contengono sostanze classificate come tossici, pericolosi per l'ambiente, cancerogeni, mutageni o sostanze soggette al quadro normativo di gestione delle sostanze chimiche.

Se i prodotti soddisfano i criteri del marchio, l'organismo competente conclude un contratto con l'operatore stabilendo le condizioni per l'uso e la revoca del marchio. L'operatore può quindi apporre il logo del marchio sul prodotto. L'uso del marchio è soggetto al pagamento di un diritto al momento della presentazione della domanda, e di un diritto annuale.

La Commissione europea stila un catalogo dei prodotti che beneficiano del marchio.

Bibliografia

Tratto da:
L'etichettatura dei prodotti alimentari. Marco Delledonne (2019).

Biografia dell'Autore

Marco Delledonne è Direttore del Dipartimento di Sanità Pubblica e del Programma di Sicurezza Alimentare della Azienda USL di Piacenza.

È Docente di Igiene ed Analisi del rischio alimentare presso la Facoltà di Scienze agrarie, alimentari ed ambientali della Università Cattolica del Sacro Cuore.

Ha una esperienza lavorativa trentennale nella Sanità Pubblica che si occupa di sicurezza alimentare e di effettuare i controlli ufficiali nel settore agroalimentare.

È autore di corsi di aggiornamento monografici accreditati per l'educazione continua in medicina su tematiche di sicurezza alimentare (micotossine, diossine, applicazione dei Regolamenti Comunitari del "pacchetto igiene", etichettatura degli alimenti, farmacosorveglianza).

Partecipa a programmi televisivi di informazione alimentare per i Consumatori.

È relatore in convegni su tematiche di sicurezza alimentare e di etichettatura degli alimenti.

È Autore del libro "Micotossine" edito Edagricole (2006)

È Autore del Libro "L'etichettatura dei prodotti alimentari" (2019) Amazon.

È Autore del Libro "Manuale di Analisi del Rischio Alimentare" (2019) Amazon.

È Autore di articoli di divulgazione scientifica su riviste mediche e professionali.